SÖREN BLÜTHGEN
STEFAN SCHLEGEL
BIKE-TOUREN
THÜRINGER WALD

SÖREN BLÜTHGEN / STEFAN SCHLEGEL

BIKE-TOUREN
THÜRINGER WALD

DELIUS KLASING VERLAG

Alle Rechte vorbehalten! Ohne ausdrückliche Erlaubnis des Verlages darf das Werk, auch nicht Teile daraus, weder reproduziert, übertragen noch kopiert werden, wie z. B. manuell oder mit Hilfe elektronischer und mechanischer Systeme inklusive Fotokopieren, Bandaufzeichnung und Datenspeicherung.

Die Autoren haben sich bemüht, alle in diesem Buch genannten Informationen und Angaben korrekt zu ermitteln. Das Befahren der Wege erfolgt auf eigene Gefahr. Der Verlag und die Autoren können für Schäden oder Unfälle keine Haftung übernehmen und weisen darauf hin, daß beschriebene Wegabschnitte zwischenzeitlich einem allgemeinen Fahrverbot unterliegen oder nur für Wanderer zugelassen sein können.

Die Deutsche Bibliothek – CIP-Einheitsaufnahme

Bike-Touren. – Bielefeld: Delius Klasing.
Bd. 6. Thüringer Wald / Sören Blüthgen; Stefan Schlegel. – 1995
ISBN 3-7688-0884-X
NE: Blüthgen, Sören

ISBN 3-7688-0884-X

© Copyright by Delius, Klasing & Co., Bielefeld
Einbandgestaltung, Innenlayout: Rudi Kappler
Karten, Höhenprofile: Andrea Figge, Bielefeld
Druck: Kunst- und Werbedruck, Bad Oeynhausen

Printed in Germany 1995

INHALTSVERZEICHNIS

Vorwort, Einleitung 7

Der Thüringer Wald 8

Zum Gebrauch des
Bike-Touren-Guide 9

Tour 1
Traumtour rund
um die Wartburg 10

Tour 2
Rund um Ruhla 14

Tour 3
Auf den Großen Inselsberg 18

Tour 4
Zwischen Friedrichroda
und Inselsberg 22

Tour 5
Heuberghaus –
Tambach-Dietharz 26

Tour 6
Oberschönau –
Tambach-Dietharz 30

Tour 7
Rund um den Kanzlersgrund 34

Tour 8
Von Oberhof
zur Ohratalsperre 38

Tour 9
Familytour
zum Lütschestausee 42

Tour 10
Rundtour um den
Gebrannten Stein 46

Tour 11
Von der Krienitzenstube
bis zum Domberg 50

Tour 12
Natur pur –
durchs Schortetal 54

Tour 13
Rund um Ilmenau 58

Tour 14
Um die Talsperre
Schönbrunn 62

Tour 15
Durch das Vessertal
zum Finsterberg 66

Tour 16
Drei-Täler-Tour 70

Tour 17
Von Suhl zum Bärenstein 74

Tour 18
Rund um das Vessertal 78

Tour 19
Allzunah – Schmiedefeld –
Stützerbach 82

Tour 20
Von Suhl
zum Großen Beerberg 86

Tour 21
Allzunah –
Goethehaus Gabelbach 90

Tour 22
Von Oberhof
um den Schneekopf 94

Tour 23
Auf und Ab:
Oberhof – Gehlberg 98

Tour 24
Rundfahrt im
Kleinen Thüringer Wald 102

Tour 25
Vom Friedberg
zum Adlersberg..................106

Tour 26
Familytour zum Mönchshof.......110

Tour 27
Um den Ringberg
zum Döllberg....................114

Tour 28
Hirschbach – Schleusingen........118

Tour 29/30
Schönbrunn – Schmücke
und zurück.....................122

Tour 29
Schönbrunn – Suhl................124

Tour 30
Suhl – Schönbrunn................126

Tour 31/32
Tambach – Wartburg
und zurück.....................128

Tour 31
Tambach –
Bergbaude Ascherbrück............130

Tour 32
Bergbaude Ascherbrück –
Tambach..........................132

Tour 33/34
Zweitagestour: Schmücke –
Gothaer Talsperre und zurück....134

Tour 33
Schmücke –
Tambach-Dietharz.................136

Tour 34
Tambach-Dietharz –
Schmücke.........................138

Tour 35–40
6 Tage im Thüringer Wald........140

Tour 35
Wartburg –
Tambach-Dietharz.................142

Tour 36
Tambach-Dietharz –
Gehlberg.........................146

Tour 37
Gehlberg –
Talsperre Schönbrunn.............149

Tour 38
Talsperre Schönbrunn –
Rondell..........................151

Tour 39
Rondell – Friedrichroda..........154

Tour 40
Friedrichroda – Wartburg.........156

Ortsregister.....................159

VORWORT

Immer größer wird die Schar derjenigen, die am Mountainbiking Spaß finden und verstehen, daß dieser Sport etwas ganz anderes ist als ein wildes Rasen über Stock und Stein, nämlich eine Kombination aus Ausdauer und Geschicklichkeit, bei der man außerdem noch, fernab vom Alltagsstreß, die Natur genießen kann.

Damit das Verhältnis zwischen dem Wanderer, Jogger, Reiter und Mountainbiker weiterhin so unproblematisch bleibt, wie wir es auf unseren Touren durch den Thüringer Wald erlebt haben, damit also alle auch in Zukunft diese schöne Landschaft gemeinsam genießen können, sind beim Radeln einige Regeln zu beachten, die eigentlich selbstverständlich sind.

● Das Verlassen der Wege mit dem Bike ist ebenso tabu wie verantwortungsloses Rasen und „Wanderer jagen". Fußgänger haben auch abseits öffentlicher Verkehrswege absoluten Vorrang. Ist der Weg für beide zu schmal, heißt es eben mal schieben. Auch kein Problem! Oder?

● Stollenreifen sind nicht dazu da, um durch scharfes Bremsen den Boden umzugraben, sondern bei an die Gegebenheiten angepaßter Geschwindigkeit Halt und sicheres Bremsen zu ermöglichen. Der Bremsweg darf die halbe Sichtweite nicht überschreiten.

● Im Interesse der eigenen Sicherheit sollte sich das Bike in technisch einwandfreiem Zustand befinden; zur Pflege werden nur biologische Schmierstoffe verwendet.

● Abfall gehört nicht in den Wald, denn wer bikt schon gern im „Müllgebirge!!!

Die in diesem Buch vorgestellten Touren berühren z. T. auch Landschaften, die als Naturschutzgebiete, Landschaftsschutzgebiete und Biosphärenreservate ausgewiesen sind. Wir haben uns deshalb selbstverständlich bemüht, bestehende Fahrverbote beim Tourenverlauf zu berücksichtigen. Da sich aber jederzeit Änderungen ergeben können, die z. B. das Befahren bestimmter Gebiete untersagen, bitten wir unsere Leser, sich anhand der jeweils aktuellen Wanderkarte – und auch durch Beachtung von Hinweisen vor Ort – zu informieren und entsprechend das Bike auf diesen Wegabschnitten zu schieben.

EINLEITUNG

„Wenn einer eine Reise tut..." Auch wir können da einiges erzählen. Mit einer auf einer Karte der Gegend eingezeichneten Tour ging's los, doch schon nach einigen Kilometern hatten wir uns verfahren. In welche Himmelsrichtung wir unser Kartenmaterial auch drehten und wendeten, wir kamen mit der Orientierung nicht weiter und mußten schließlich feststellen, daß es mit der Wirklichkeit nicht viel zu tun hatte. Man kann schon in Wut geraten, wenn man endlose Anstiege auf sich nimmt und dann damit konfrontiert wird, daß markierte Wanderwege in Schonungen enden. Die einzige Alternative, die uns blieb, war, zu Zettel und Stift zu greifen und die Sache auf eigene Faust in Angriff zu nehmen. Es ist sicherlich nicht falsch, wenn der Leser vor einer Tour eine Karte zur Hand nimmt, um den Verlauf nachzuvollziehen. Doch wer unsere Wegbeschreibung dort nicht wiederfindet, weil die entsprechenden Wege nicht eingezeichnet sind, sollte nicht verzagen: Wir waren schon da! Meter für Meter radelten wir uns durch scheinbar unerforschtes Gebiet. Wir lernten dabei eine wirklich schöne Gegend mit netten Leuten kennen. An dieser Stelle möchten wir uns herzlich bedanken bei „Biking", Detlef Weiß, Lucas-Cranach-Str. 7, 99187 Eisenach, für die Unterstützung bei den Fotoarbeiten.

DER THÜRINGER WALD

„Ich wandre ja so gerne, vom Rennsteig durch das Land", so besang einst Herbert Roht den Thüringer Wald, und auch wenn wir die Region nicht auf Schusters Rappen, sondern auf High-Tech-Vehikeln aus Leichtmetall und Kunststoff durchkreuzten, können wir doch nachempfinden, was der gute Mann wohl gemeint hat.

Wer glaubt, richtiges Mountainbiking sei nur im Hochgebirge möglich, muß sich hier eines Besseren belehren lassen. Auf 2400 Quadratkilometern erstreckt sich zwischen Eisenach und Schönbrunn im nordwestlichen Teil des Thüringer Waldes ein phantastisches, ungewöhnlich abwechslungsreiches Radelgebiet. Da die Gegend weitgehend naturbelassen ist, wird das Biken hier zu einem ganz besonderen Erlebnis. Hier findet man einfach alles, von wunderschönen, von Bächen durchzogenen Tälern bis hin zu traumhaften Aussichten, von guten Radwegen bis zu kaum fahrbaren Geröllpisten. Sowohl die Höhenmeterschinder wie auch Leute, die mit der ganzen Familie unterwegs sein wollen, werden etwas Passendes für sich finden. Wen bei Anstiegen, die nicht enden wollen, dann doch eine leichte Verzweiflung überkommt, der kann um so besser in einer der vielen netten Bauden relaxen und sich in dem Triumph sonnen, es doch noch geschafft zu haben.

ZUM GEBRAUCH DES BIKE-TOUREN-GUIDE

Wer sich auf sein Bike schwingt, um im Thüringer Wald zu radeln, sollte gut ausgerüstet sein. Es ist sehr zu empfehlen, ausreichend Verpflegung mitzuführen, da nicht bei jeder Tour unterwegs entsprechende Einkehrmöglichkeiten zur Verfügung stehen. Eine kleine Apotheke für sich selbst und eine für das Bike sollten sich von selbst verstehen.

Die in diesem Bike-Führer wiedergegebenen Kartenausschnitte geben den genauen Streckenverlauf wieder und dienen darüber hinaus als Orientierungshilfen. Ein zusätzliches Kartenstudium ist dennoch unerläßlich, damit man, falls ein vorzeitiger Abbruch der Tour notwendig ist, auch auf schnellstem Wege wieder in die Zivilisation zurückkommt. Ein richtig eingestellter Kilometerzähler darf auf keinen Fall fehlen, denn nur so lassen sich die einzelnen Streckenabschnitte nachvollziehen. Bei Abweichungen, z. B. wenn man sich verfahren hat, orientiert man sich einfach an den Entfernungen von Punkt zu Punkt. Die Fahrzeiten – reine Laufzeiten des Bikes – für die Tourabschnitte und die Gesamtstrecke sind natürlich nur Richtzeiten. Jeder Biker wird sich nach kurzer Zeit ausrechnen können, wie lange er persönlich in etwa für die Tour benötigen wird.

Die Angabe der Höhenmeter ermittelt sich aus der Addition aller Anstiege einer Tour. Das mit Fahrzeitangaben versehene Höhenprofil gibt einen hervorragenden optischen Eindruck vom Streckenverlauf und von den Schwierigkeiten der Tour und ermöglicht eine gute Zeitkontrolle. Zum Schluß noch ein Hinweis: Haftung jeglicher Art wird ausgeschlossen. Insbesondere die Beschaffenheit von Wegen kann sich ändern. Konfrontationen mit dem Gesetzgeber sind, das sei dem Biker noch einmal ans Herz gelegt, unbedingt zu vermeiden. Und nun viel Spaß beim Radeln im Thüringer Wald!

1 TRAUMTOUR RUND

ALLGEMEINES

Balthasar Rodecher hatte irgendwann im Jahre 1483 einen wirklich schlechten Tag, wie das Steinkreuz „Wilde Sau" zu berichten weiß. Es schildert einen Jagdunfall der besonderen Art, der sich unweit der Wartburg ereignete. Balthasar, Jagdknecht von Beruf, konnte mit großem Geschick einen Keiler, also einen Wildschweineber, stellen. Doch dieses bösartige Tier, das partout nicht als Sonntagsbraten enden wollte, trieb Balthasar in seinen eigenen Jagdspieß, so daß der Jagdknecht dabei zu Tode kam.

Auch Martin Luther, der sich bekanntlich einige Zeit, wenn auch nicht ganz freiwillig, auf der Wartburg aufhielt, hatte in dieser Gegend ein Erlebnis, das in die Geschichtsbücher Eingang fand. Bei einem seiner seltenen Ausflüge in die Umgebung seines Asyls wollte der Reformator einen kleinen Hasen vor der landgräflichen Hundemeute retten. Er versteckte das Tier im Ärmel seines Hemdes, doch vergeblich: Die pflichtbewußten vierbeinigen Häscher zerfetzten Luthers Hemdsärmel und bissen den Hasen durch den Stoff tot.

ary
M DIE WARTBURG

STRECKENPROFIL

Gesamtstrecke: 32,1 km
Reine Fahrzeit: 2,55 h
Anstiege: 450 Höhenmeter
Schwierigkeit: mittel

Zum wohl bekanntesten Kulturdenkmal des Thüringer Waldes, der Wartburg, führt diese Tour. Vom Parkplatz Ascherbrück folgt man zunächst dem Rennsteig mäßig bergauf. Nach 2 km beginnt dann eine Abfahrt, die später ins Höllbachtal führt. Der gute Forstweg schlängelt sich an der Südseite des Tals entlang, vorbei am sog. Ochsenstall, einer Schlucht, die in ein Tal mündet, in dem die Mosbacher im Dreißigjährigen Krieg ihr Vieh versteckten. Der Weg führt weiter bergab, vorbei an Mosbach, und über ein kurzes Stück Asphalt Richtung Drachental. Dort angekommen, fährt man auf schotterigen, ausgewaschenen Forstwegen bei den Drachensteinen stetig bergauf. Nach dem Ende der etwa 2 km langen Steigung wird der Weg etwas besser. Man folgt ihm zunächst in ständigem Wechsel von Auf und Ab, bis man in einen Pfad biegt, der bergab zur Herzogseiche führt. Von hier aus geht es, anfangs auf guten Forstwegen, weiterhin bergab in die Landgrafenschlucht, die sich später verengt. Über Holzstege, Treppenstufen und schmale, feuchte Pfade erreicht man, mit Blick auf eine reizvolle Kulisse, die Hauptstraße. Achtung! Mit Rücksicht auf Wanderer ist es angebracht, auf dieser Strecke sein Bike zu schieben. Nun radelt man vorwiegend bergauf weiter, bis man nach etwa eineinhalb Stunden an der Wartburg ankommt. Die Strecke führt nun in stetigem Auf und Ab vorbei an der „Wilden Sau" nach Wilhelmsthal, wo der letzte lange Aufstieg dieser landschaftlich einmaligen, recht anspruchsvollen Tour beginnt, der zum Startplatz zurückführt. Prädikat: Traumtour!

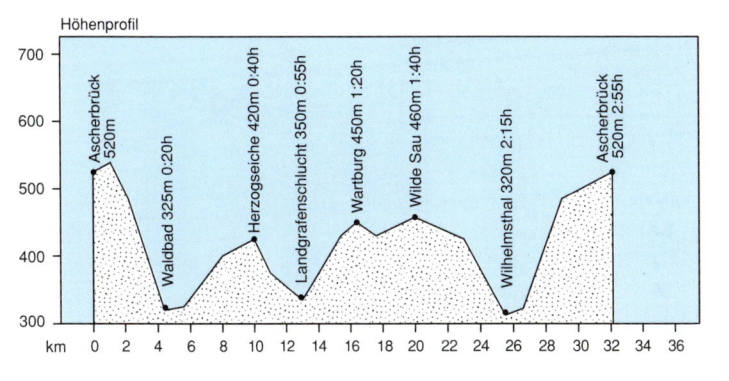

Höhenprofil

1 *TRAUMTOUR RUND UM*

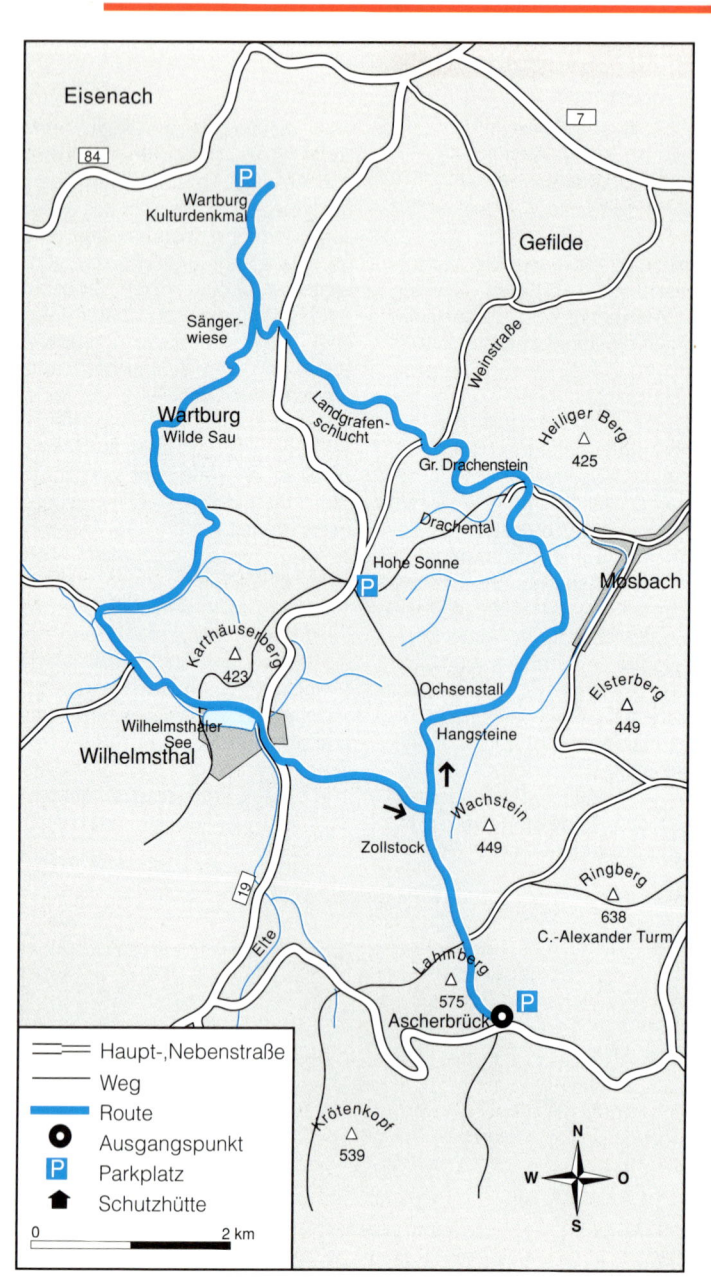

WARTBURG

TOURCHECK

Von Eisenach auf der B 19 Ri. „Meiningen". In Etterwinden li. ab Ri. „Ruhla". Nach ca. 5 km erreicht man den Parkplatz Bergbaude Ascherbrück.

km 0,0 Die Straße überqueren und gegenüber auf dem Rennsteig Ri. „Zollstock" (den Wegweiser findet man nach ca. 150 m).

3,8 Re. bergab Ri. „Gaststätte Frische Quelle".

5,3 Am Wegkreuz weiter Ri. „Mosbach Mitte". Nach 340 m an der Gabelung li. Abzweig.

6,3 Auf Feldweg li. Ri. „Waldbad/Sportplatz". Nach 320 m kommt man auf den Weg zum Sportplatz. Direkt am Sportlerheim vorbei Ri. „Waldbad".

7,2 Der Straße bergab zum „Waldbad" folgen. 150 m hinter Bad li. weiter auf Forstweg Ri. „Gr. Drachenstein".

8,3 An der Gabelung dem re. Zweig Ri. „Rundwanderweg 1" folgen und weitere Beschilderung „Rundwanderweg 1" ignorieren.

10,4 Man trifft auf eine Forststraße („Weinstraße") und fährt li. bergauf weiter. Nach 250 m an der Kreuzung re. dem Pfad Ri. „Herzogseiche" (weißes Quadrat mit rotem Punkt) folgen.

11,2 An der Herzogseiche li. Ri. „Landgrafenschlucht". Nach 750 m re. dem Pfad Ri. „Landgrafenschlucht/Mariental" folgen (teilweise Tragestrecke).

13,2 Am Ende der Schlucht Straße überqueren und „Rundwanderweg 4" über Steg bergauf (teilweise Tragestrecke). Nach 650 m re. auf der Forststraße zum Gasthaus „Sängerwiese".

14,1 Am Gasthaus re. auf dem Rennsteig zur Wartburg. Von dort zurück zum Gasthaus.

16,8 Am Gasthaus nun geradeaus Ri. „Wilde Sau".

19,5 An der Gabelung re. halten. Nach 170 m li. halten.

20,7 An der Gabelung geradeaus durch die Holzbaken hoch zur „Wilden Sau". Hier li. vorbei weiter. Nach 160 m durch die Holzbaken li. fahren.

22,1 Hier gabelt sich der Rennsteig und führt 210 m weiter an einer Kreuzung wieder zusammen. Hier re. bergauf abbiegen.

23,1 50 m hinter der Kreuzung an der Sitzgruppe re. dem grasbewachsenen Weg folgen.

25,1 Im Tal der Forststraße nach re. talauswärts folgen. Nach 1110 m der Straße nach li. folgen.

27,7 Man erreicht Wilhelmsthal und fährt am See entlang bis zur Kreuzung. Re. weiter Ri. „Etterwinden". 800 m hinter der Kreuzung gehen li. im Abstand von 60 m zwei Wege ab. Dem zweiten folgt man bergauf re. an den Teichen vorbei.

29,5 An der Gabelung geradeaus bergauf. Nach 870 m an der Kreuzung li. Ri. „Rennsteig". Nach 90 m an der Gabelung re. und stets bergauf bis zum Rennsteig.

31,1 Man trifft auf den Rennsteig. Re. über den „Zollstock" zurück zum Startplatz.

2 RUND UM RUHLA

ALLGEMEINES

Im Kerbtal, umringt von Bermer (602 m), Engestieg (593 m), Vogelheide (677 m), Dornsenberg (614 m), der etwas südlich des Kamms gelegenen Birkenheide (717 m), Windsberg (670 m) und Breitenberg (697 m), liegt das Städtchen Ruhla. Einen der schönsten Rundblicke auf den Nordwestteil des Thüringer Waldes kann man vom Gitterturm des nahegelegenen Ringbergs genießen. Diesen Turm, der mit dem Bike nicht ganz einfach zu erreichen ist, hat der Ruhlaer Pfeifenmacher, Heimatschriftsteller und Globetrotter C.-Alexander Ziegler gestiftet, weshalb das Gebäude auch C.-Alexanderturm genannt wird. Ziegler reiste in der Weltgeschichte umher, um für sein umfangreiches und vielseitiges Sortiment an Pfeifenköpfen zu werben. In Hammerfest, auf den Shetland-Inseln, an den Ufern von Mississippi und Missouri, in den indischen Tropen und in der afrikanischen Steppe, in Granada und Damaskus hat er auf seinen Adventurertrips die Leute dazu gebracht, mit ihm zusammen eine Ruhlaer Pfeife zu rauchen. Jeder setzt in seinem Leben eben andere Akzente.

STRECKENPROFIL

Gesamtstrecke: 31,1 km
Reine Fahrzeit: 2,30 h
Anstiege: 650 Höhenmeter
Schwierigkeit: schwer

Auf dem Rennsteig holpert man die ersten etwa 2 km leicht bergauf, vorbei am Triniusblick. Auf einem Forstweg geht es nun hinunter in einen herrlichen Buchenwald, aus dem man sich später mit kurzen, aber extrem steilen Anstiegen wieder zum Rennsteig hinaufkurbelt. Nach etwa 7 km auf Waldwegen, Pfaden und Forststraßen mit traumhaften Aussichten erreicht man ihn an der Glasbachwiese. Hier beginnt die Abfahrt ins Tal, zunächst auf Asphalt, bald darauf auf Pfad und später auf einem Forstweg. Auf einer ebenen Schotterpiste radelt man vorbei an einer alten Buche, die als Naturdenkmal gekennzeichnet ist. Anschließend geht es auf einem Wiesenweg bis zum Waldrand, danach auf Forstwegen bergauf bis zur Ruhlaer Skihütte. In ständigem Auf und Ab fährt man von hier aus ein paar Kilometer auf der „Weinstraße". Danach sind mit extremen Steigungen und Abfahrten auf zum Teil sehr schlechter Piste zwei Berge zu bewältigen – ein echter Spaß! –, bevor man das Königshäuschen erreicht. Von hier führt nun ein Forstweg um den Breitenberg herum. Auf meist guten Wegen kommt man hinab nach Ruhla. Nach einer kurzen Ortsdurchquerung folgt der „Final Act" dieser Tour mit dem Aufstieg zum Ringberg. Über steile Schotterpisten, die ihresgleichen suchen, erklimmt man den Gipfel. Wer immer noch nicht genug hat, kann auf den C.-Alexanderturm klettern, um den Rundblick zu genießen. Wie bergauf, so bikt man nun bergab bis zum Rennsteig (vorbei am Hubertushäuschen) und darauf zurück zum Startplatz. Anspruchsvolle Traumtour!

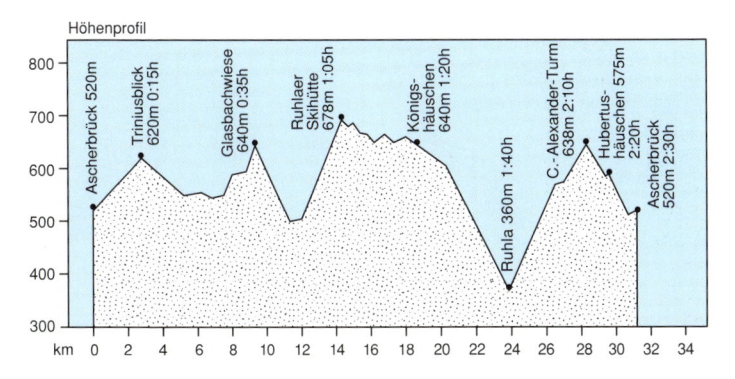

2 RUND UM RUHLA

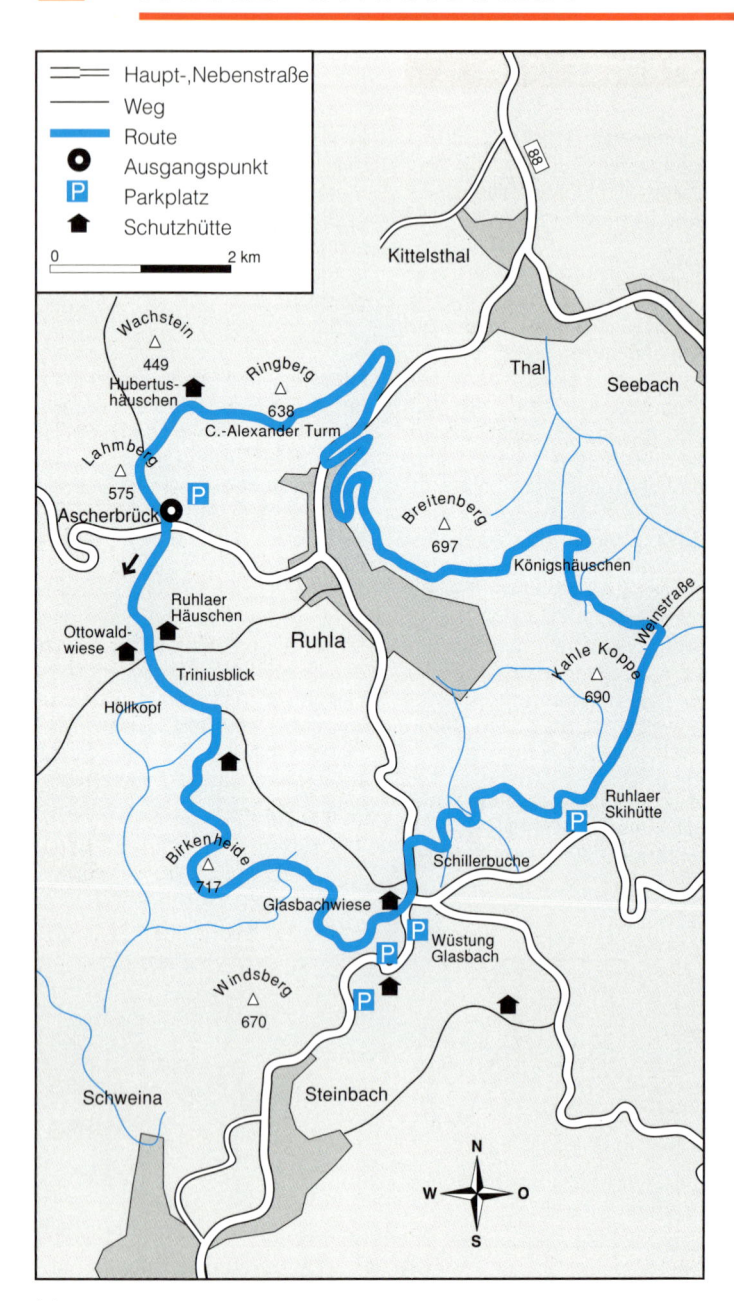

TOURCHECK

Von Eisenach auf der B 19 Ri. Meiningen. In Etterwinden li. Ri. Ruhla. Nach ca. 5 km erreicht man die Bergbaude Ascherbrück re. an der Straße.

km 0,0 Vom Parkplatz li. Ri. „Ruhlaer Häuschen".

1,8 An der Ruhlaer Schutzhütte geradeaus Ri. „Inselsberg".

2,7 Kreuzung Triniusblick, an Ende der Wiese gehen re. in Fahrtrichtung zwei Wege ab. Dem ersten folgen. Nach 400 m an der Gabelung li. weiter.

4,1 Den Waldweg überqueren.

6,8 Man trifft auf eine Forststraße und fährt nach re. Nach 500 m re. auf den Weg abbiegen.

9,3 Der Straße nach li. folgen. Nach 100 m an der Glasbachwiese geradeaus Ri. „Ruhla". Nach 700 m re. in den Waldweg einbiegen.

11,3 Man trifft auf eine Forststraße und fährt re. bergab weiter. Nach 100 m an der Gabelung re. Ri. „Schillerbuche".

12,1 An der Gabelung li. in den Wiesenweg. Nach 200 m den Forstweg überqueren und auf dem Waldweg bergauf weiter.

12,7 Man trifft auf einen Waldweg, nach re. bergauf fahren. Nach 800 m dem Weg durch die Linkskurve und Schranke folgen, nun stets bergauf fahren.

14,1 An der Ruhlaer Skihütte geht es re. weiter Ri. „Winterstein". Nach 100 m an der Gabelung li. halten und weiter auf der „Weinstraße".

15,7 An der Kreuzung li. Ri. „Königshäuschen", und stets dem Hauptweg (später Pfad) folgen.

18,1 Man trifft auf eine Forststraße und fährt nach re. Nach 100 m an der Kreuzung li. zum Königshäuschen.

18,5 Hinter dem Königshäuschen dem Forstweg in Fahrtrichtung folgen.

19,1 An der Kreuzung nach re. Ri. „Thal". Nach 100 m direkt vor der „Schutzhütte Aschenhof" li. dem Waldweg folgen.

20,6 An der Gabelung li. halten.

22,9 Man trifft auf einen Forstweg und biegt li. zurückführend ab. Nach 600 m erreicht man die Hauptstraße und fährt nach re.

24,4 Hier li. in die kleine Straße Ri. „C.-Alexanderturm" abbiegen.

26,6 Nach der Kreuzung Kreuzweg, ca. 100 m, wieder Kreuzung – Ri. „Wanderweg".

28,4 Dem Weg am C.-Alexanderturm vorbei folgen.

29,4 200 m hinter der Kreuzung Hubertushäuschen geht es li. weiter Ri. „Rennsteig/Inselsberg".

30,1 Man erreicht den Rennsteig, biegt nach li. ein und fährt darauf bis zum Startplatz.

3 AUF DEN GROSSEN

ALLGEMEINES

Schon von weitem ist das markante Profil des 916 m hohen Inselsbergs auszumachen, zumal der Turm auf der Spitze, der zu einer meteorologischen Station gehört, Verwechslungen ausschließt: Er streckt sich wie ein Zeigefinger in den Himmel. Den größten Höhenunterschied bergab, der in diesem Bikeführer geboten wird, überwindet man bei der Abfahrt von diesem Gipfel, geht es doch auf einer Strecke von 3,2 km 500 Höhenmeter hinab durch das Felsental bis nach Tabarz.

Nicht immer sind die bekanntesten Ausflugsziele einer Region auch die schönsten, und dies gilt auch für den Inselsberg. Zugegeben, die Aussicht ist phantastisch, aber sonst hat der Gipfel nur wenig Einladendes für den Biker zu bieten. Einige Zugmaschinen mit Anhängern, die wie eine Eisenbahn aussehen sollen, karren ununterbrochen Touristen vom Parkplatz an der Grenzwiese über die Pflasterstraße auf den Gipfel. Der Besucherstrom scheint nicht abzureißen; er staut sich vor den Kiosken und natürlich vor den Restaurants, die permanent überfüllt sind.

NSELSBERG

STRECKENPROFIL

Gesamtstrecke: 26,4 km
Reine Fahrzeit: 3,00 h
Anstiege: 684 Höhenmeter
Schwierigkeit: schwer

Von der Ruhlaer Skihütte führt ein Waldweg bergauf Richtung Dreiherrenstein, den man mit einer steilen Abfahrt auf Schotter und einem anschließenden Anstieg durch den Kroatengrund umfährt. Als Alternative für diesen Streckenabschnitt bietet es sich an, geradeaus über den Dreiherrenstein zu fahren. Wieder auf dem Rennsteig angekommen, geht es erst mal etwas sanfter, später sehr steil auf ausgewaschenen, schwer zu befahrenden Forst- und Waldwegen zum Oberen Beerberg. Wer glaubt, er hätte hier das Schlimmste hinter sich, wird auf den nächsten 2 km eines Besseren belehrt, denn ebenso schlechte wie steile Wege erfordern noch einmal einiges an Geschick und Kraft, bis man den Inselsberg erreicht. Die Aussicht von hier oben ist wirklich traumhaft, doch von unberührter Natur kann wirklich nicht die Rede sein. Um den Menschenmassen zu entfliehen, radelt man gleich auf einer Pflaster- und Asphaltstraße wieder bergab. Zurück in die Natur führt eine lange, schwierige Abfahrt, die sich an den nordöstlichen Hängen des Inselsbergs ins Felsental schlängelt. Nach einem kurzen Stück Asphaltstraße, vorbei am Schweizerhaus, geht es auf Forstwegen Richtung Tabarz und anschließend hinauf zum Hopfenberg. Der nun folgende Downhill auf einem Pfad erfordert etwas Rücksicht auf Wanderer; er endet in Winterstein. Nach ein paar Metern durch den Ort beginnt der letzte Anstieg. Auf schlechten und sehr steilen Wegen arbeitet man sich, mit schon einigen schweren Kilometern in den Beinen, zurück zum Startplatz.

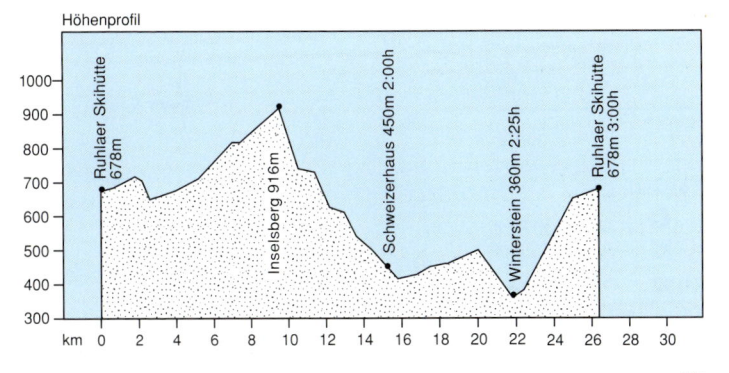

3 AUF DEN GROSSEN INSE

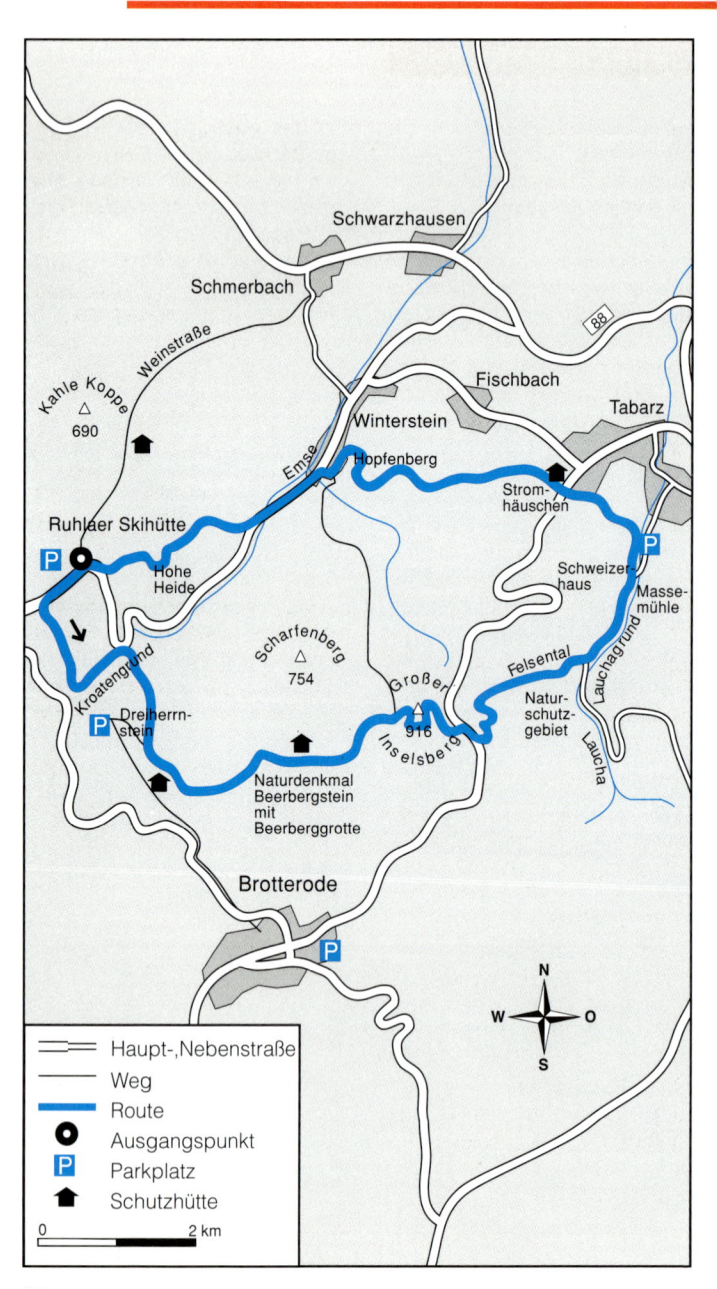

BERG

TOURCHECK

Von Eisenach auf der B 19 Ri. „Meiningen". In Barchfeld li. ab nach Bad Liebenstein. Hier weiter Ri. „Ruhla". Auf halbem Weg re. Ri. „Winterstein". Nach ca. 3 km erreicht man die Ruhlaer Skihütte.

km 0,0 Hier re. auf die Straße. Nach 140 m li. in den Forstweg Ri. „Inselsberg". Nach 600 m re. an der Schutzhütte vorbei bergauf. Nach 130 m an der Gabelung li. weiter.

1,7 An der Kreuzung Kroatengrund auf dem Rennsteig li. bergab Ri. „Winterstein".

2,5 Man erreicht eine Straße und fährt re. auf dem Forstweg bergauf weiter.

3,8 Man mündet auf einen Waldweg und fährt re. bergauf.

5,3 Der Weg endet auf dem Rennsteig. Es geht li. weiter Ri. „Gr. Inselsberg".

9,5 Vom Großen Inselsberg geht es auf der Pflasterstraße bergab.

11,0 Man mündet auf eine Hauptstraße und folgt ihr nach re. Nach 300 m biegt man li. in den Forstweg ab. Nach 400 m trifft man auf einen Forstweg und fährt nach re. stets bergab.

14,5 Im Tal an der Kreuzung folgt man der Straße nach li. Ri. „Tabarz". Nach 800 m fährt man an der Massemühle vorbei bergab bis zum Schweizerhaus.

15,9 200 m hinter dem Schweizerhaus geht es li. in den Forstweg.

17,3 Forstweg wird zur Asphaltstraße, nach 100 m Straße überqueren und links, neben dem Stromhäuschen, geht es in den Wiesenweg Ri. „Winterstein".

17,6 Hinter der Gartenkolonie kommt man zur Straße und fährt in den gegenüberliegenden Forstweg.

19,6 Am Wegkreuz li. Ri. „Winterstein". Nach 400 m biegt man an der Kreuzung li. ab in den Pfad Ri. „Winterstein". Nach 1300 m li. in die Forststraße Ri. „Winterstein".

21,7 Am Ortsanfang Winterstein geradeaus bis zur Hauptstraße. Hier li. weiter Ri. „Ruhlaer Skihütte" aus dem Ort heraus.

23,4 Hier gehen re. zwei Forstwege ab. Man folgt dem zweiten stets bergauf Ri. „Ruhlaer Skihütte".

25,6 Man mündet auf einen Waldweg und fährt re. weiter. Nach 300 m kommt man zur Hauptstraße und fährt nach re. zum Startplatz zurück.

4 ZWISCHEN FRIEDRIC

ALLGEMEINES

Dort, wo die Straße von Friedrichroda nach Schmalkalden den Rennsteig kreuzt, liegt auf einer Höhe von 688 m das Heuberghaus. Schon vor Jahrhunderten herrschte hier reges Treiben, und das Stampfen der Rösser, das Knarren der Räder, der Knall der Peitschen und die Flüche der Fuhrmänner über „dreckige Löcher", „faule Pfützen", „Kniebreche" und „Galgengassen" hallten durch den Wald. Viele der Unwegsamkeiten, die die Fuhrknechte mit ihren Beschimpfungen bedachten, sind offenbar bis heute erhalten geblieben, so daß der Biker gut nachempfinden kann, was damals in den Leuten vorging. In dieser Zeit quälten sich lange Züge zweirädriger Karren mit zwei oder drei hintereinander gespannten Pferden von beiden Seiten des Gebirges nach oben, später erledigten sog. Deysselwagen mit nebeneinander gespannten Pferden, große polnische Baumwagen und vogtländische Leiterwagen, häufig von acht oder zehn Pferden gezogen, die schwere Arbeit und transportierten Lasten bis zu 120 Zentnern zum Heuberghaus. In der Herberge, die erstmals 1559 erwähnt wurde, versorgte man Fuhrknechte und Gespanne, bevor es auf der anderen Seite wieder nach unten ging. Heute sind es die „Blechkarren", die Wanderer und Biker nach oben befördern. Sie schwärmen dann in die Stille des Waldes oder in die angrenzenden idyllischen Täler aus und haben den ganzen Trubel bald vergessen.

RODA UND INSELSBERG

STRECKENPROFIL

Gesamtstrecke: 42,6 km
Reine Fahrzeit: 4,25 h
Anstiege: 885 Höhenmeter
Schwierigkeit: sehr schwer

Wer zu dieser Tour startet, hat ein gutes Stück Arbeit vor sich. Am Ende wird er sich kaum an die flachen Strecken erinnern, im Gedächtnis – und in den Beinen – lassen eher die unzähligen nicht enden wollenden Steigungen und die tollen Downhills ihre Spuren zurück.
Vorbei am Pirschhaus geht es erst einmal bergab auf einer „Naturpflasterstraße" nach Friedrichroda. Gut durchgeschüttelt tritt man kräftig in die Pedale, um auf der anderen Seite des Tals auf Forstwegen und Pfaden wieder nach oben zu gelangen. Über den Abtsberg erreicht man nach einem Downhill auf guten Forstwegen den Ungeheuren Grund. Eine der wenigen ebenen Strecken führt nun nach Tabarz, wo der zum Teil sehr steile Aufstieg zur Grenzwiese beginnt. Diese erreicht man auf Waldwegen, Pfaden und Schotterpisten, die durch eine landschaftlich sehr reizvolle Gegend führen. Über den Trockenberg, um die Hohe Scharte und über den Kuhplatz kommt man nach einer anschließenden Abfahrt zur Hauptstraße. Von hier aus sind es nur ein paar Meter bis zur Waldschänke. Der letzte steile Aufstieg aus diesem schönen Tal führt am Weißenberg entlang auf guten Forstwegen hinauf zum Rennsteig. Darauf radelt man nun immer rauf und runter über den Spießberg zurück zum Startplatz. Hier angekommen, weiß man, was man getan hat: Die schwierigen Wegverhältnisse auf dieser Strecke bieten kaum Gelegenheit, sich auszuruhen und neue Kraft zu schöpfen. Wer bisher annahm, Abfahrten seien Erholungsstrecken, wird auf dieser Tour eines Besseren belehrt. Trotzdem viel Spaß!

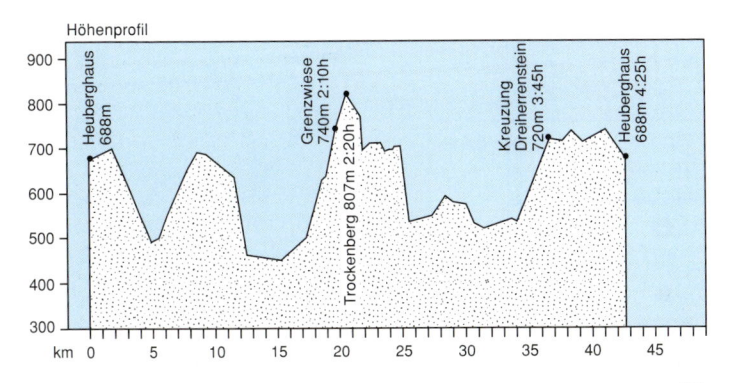

4 ZWISCHEN FRIEDRICHR

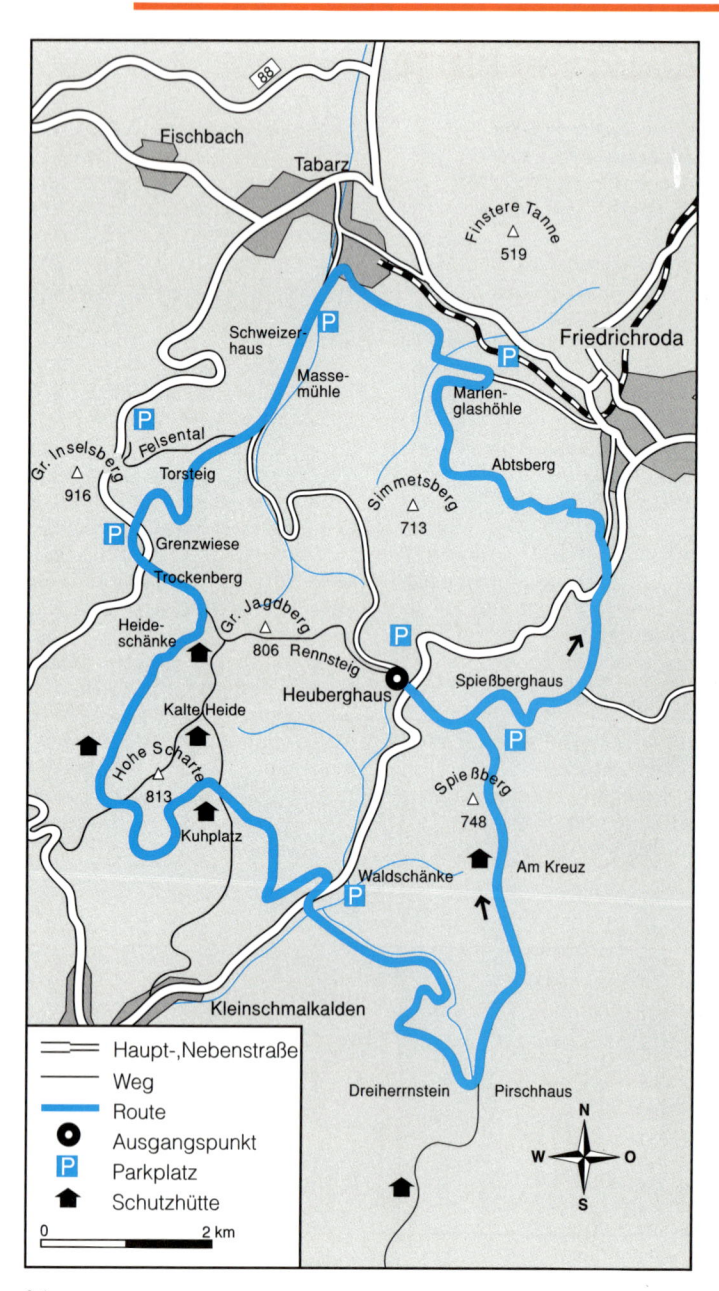

...A UND INSELSBERG

TOURCHECK

Auf der B 88 von Eisennach nach Friedrichroda. Hier weiter Ri. „Kleinschmalkalden". Nach ca. 5 km erreicht man das Heuberghaus. Re. ist der Parkplatz.

km 0,0 Startpunkt: Von hier über die Straße Ri. „Spießberghaus".

1,9 Kurz hinter dem Spießberghaus an der Weggabelung li.

2,9 Am Wegdreieck li. Ri. „Friedrichroda".

4,6 Der Hauptstraße folgt man bergab in den Ort. Nach 200 m li. über die Brücke, anschließend re. weiter Ri. „Marienglashöhle/Tabarz".

5,2 Hier li. dem Pfad Ri. „Schauenburg" folgen. Nach 600 m den Forstweg weiter bergauf.

6,4 An der Gabelung mittleren Weg Ri. „Inselsberg".

8,5 Am Wegdreieck auf dem re. Forstweg bergab.

12,4 Man trifft auf eine Forststraße und folgt ihr nach li. Nach 800 m an der Kreuzung re. abbiegen – später Straße.

15,0 In Tabarz trifft man auf eine weitere Straße. Hier li. ab und immer geradeaus taleinwärts.

17,2 An der Gabelung dem re. Zweig Ri. „Torstein" folgen.

18,5 An der Gabelung dem Hauptweg durch die Spitzkehre nach re. folgen. Nach 800 m li. auf Forstweg weiter bergauf.

19,9 Geradeaus über dem Parkplatz Grenzwiese und den Rennsteig nach li. Ri. „Heuberghaus".

21,1 An der Kreuzung Gabelwiese re. weiter Ri. „Brotterode". Nach 100 m li. dem Forstweg folgen.

21,9 Am Wegdreieck li. halten Ri. „Brotterode über Reitbahn".

23,9 Forstweg queren und gegenüber dem Waldweg Ri. „Scharte Kopf" folgen. Nach 600 m Forstweg rechts bergab.

25,1 An der Kreuzung li. (Ri. Horizontalweg/Kuhplatz).

28,3 Dem Forstweg Ri. „Gasthaus Schöne Aussicht" folgen. Nach 500 m ca. 20 m vor der Kreuzung li. in den Forstweg. Nach 20 m an der Gabelung dem re. Zweig Ri. „Waldschänke" folgen.

29,6 Forstweg nach li. bergab folgen. Nach 900 m, bevor der Forstweg in eine Asphaltstraße übergeht, li. in den Weg Ri. „Waldschänke".

31,5 Man biegt re. in die Straße ein. Nach 500 m li. über die Brücke und li. weiter Ri. „Ebertswiese".

33,8 Auf der Forststraße nach re. Ri. „Kleinschmalkalden über neuen Weg" fahren. Nach 1400 m an der Kreuzung li. Ri. „Rennsteig/Ebertswiese".

36,7 An der Kreuzung Dreiherrenstein li. auf den Rennsteig Ri. „Am Kreuz/Heuberghaus" bis zum Startplatz.

5 HEUBERGHAUS – T.

ALLGEMEINES

MAUTSTRASSEN IMMER BELIEBTER – so hätte die Schlagzeile einer Boulevardzeitung aus dem Jahr 1050 lauten können. In dieser Zeit war es durchaus üblich, von Kaufleuten und anderen Rennsteig-Benutzern Gebühren einzuziehen. Die einen erhoben sie für die Benutzung der Handelsstraße, die anderen versprachen, für das Leben des Benutzers Sorge zu tragen. Selbstverständlich entstanden im Laufe der Zeit auch Sonderregelungen für bestimmte Personengruppen. So schloß der Orden der Zisterzienser um 1279 mit dem Grafen von Henneberg ein Abkommen, das es den Mönchen erlaubte, die Handelswege zu erheblich günstigeren Konditionen zu nutzen. Heute ist es für uns kaum noch vorstellbar, daß ein mit Talern gefüllter Beutel über Wohl und Wehe einer Reisegesellschaft entscheidet. Wenn man bedenkt, wie viele Fürstentümer damals entlang des Rennsteigs lagen – und jeder Landesherr kassierte wieder seinen Maut –, kommt man unweigerlich zu dem Schluß, daß das Reisen schon immer ein teures Vergnügen war.

BACH-DIETHARZ

STRECKENPROFIL

Gesamtstrecke: 42,9 km
Reine Fahrzeit: 4,35 h
Anstiege: 985 Höhenmeter
Schwierigkeit: schwer

Auf und ab führen die ersten etwa 7 km über den Spießberg und den Oberen Pirschhauskopf auf dem zum Teil sehr holprigen Rennsteig bis zur Ebertswiese. Von hier aus geht es auf steilen Schotterpisten, Forstwegen, ein paar Metern Asphalt und einer kurzen Tragestrecke vorwiegend bergab - man fährt durch das Kirchtal in den Nesselgrund. Den Wiesenberg überquert man auf Wiesenwegen und Pfaden, und nach einer steilen, schweren Abfahrt beginnt der Aufstieg zum Rennsteig. Nach ein paar Metern bergab trifft man auf eine schmale Asphaltstraße, die zunächst leicht nach oben und nach etwa 4 km bergab zur Gothaer Talsperre führt. Nach der rasanten Abfahrt auf desolater Straße radelt man durch den Apfelstädtgrund hinaus zum Nesselberghaus. Es folgt wieder eine lange Abfahrt auf gut zu befahrenden Wegen bis nach Tambach-Dietharz. Durch den Ort fährt man weiter in den Spittergrund und, vorbei an der Rote-Bachs-Wand, auf losem Schotter bergauf zu den Soldatengräbern. Hier trifft man auf eine Asphaltstraße, die weiter bergauf führt und in einen Forstweg übergeht, der bis zum Kreuz führt. Über den Spießberg bikt man nun auf dem Rennsteig zurück zum Startplatz. Wer diese Tour in Angriff nimmt, sollte schon über etwas Kondition und guttrainierte Waden verfügen, denn dann hat er auch Freude an der schönen Landschaft unterwegs. Viel Vergnügen!

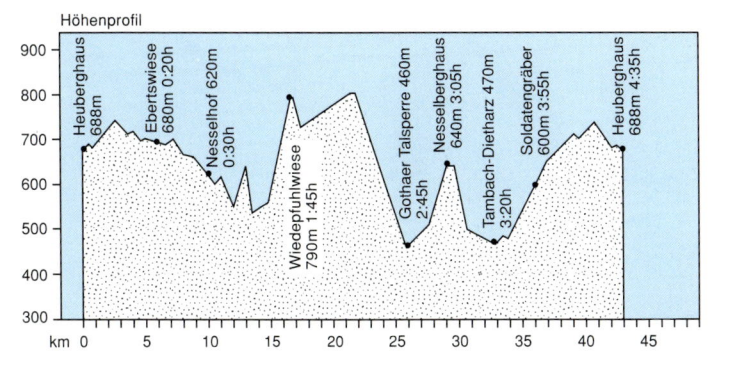

Höhenprofil

5 HEUBERGHAUS – TAMBA

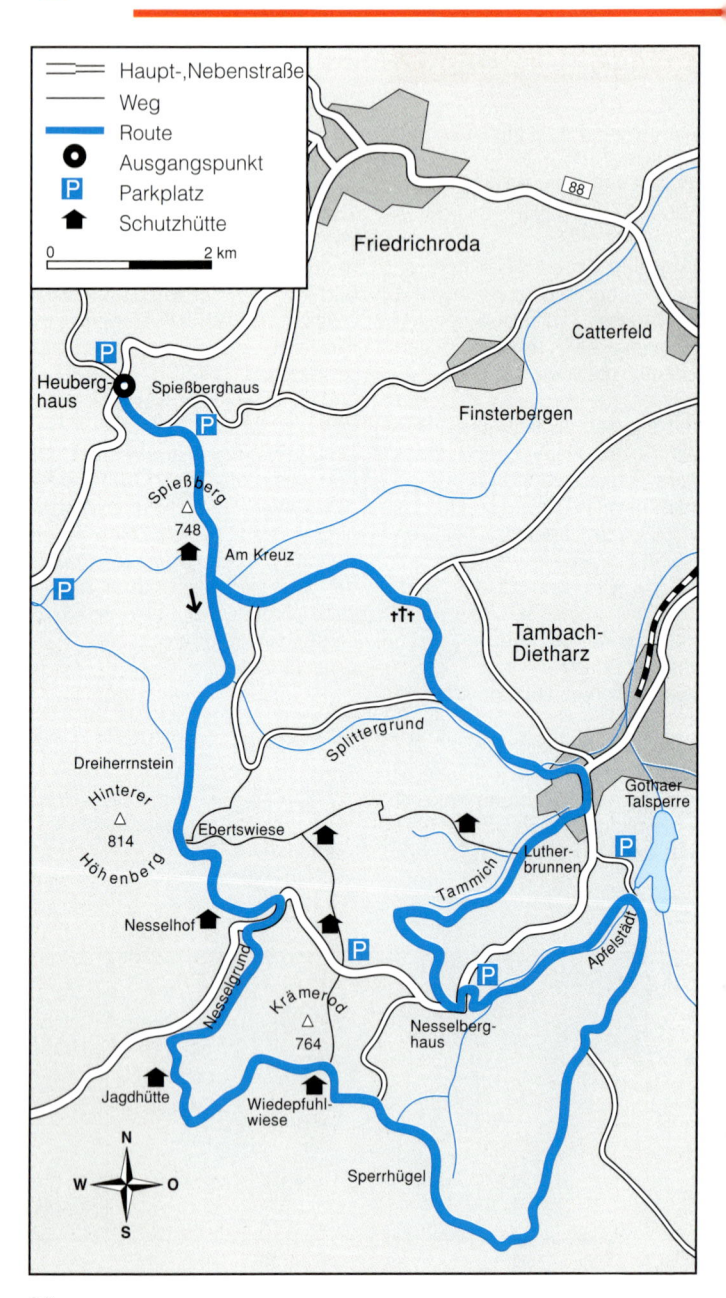

-DIETHARZ

TOURCHECK

Auf der B 88 von Eisenach nach Friedrichroda. Hier weiter Ri. „Kleinschmalkalden". Nach ca. 5 km erreicht man an der Gaststätte „Heuberghaus" den Parkplatz.

km 0,0 Hier die Straße überqueren und Ri. „Ebertswiese" fahren. Nach 940 m an der Wegkreuzung geradeaus auf dem Rennsteig stets Ri. „Ebertswiese" weiter.

5,9 Ri. „Ebertswiese".

6,3 An der Gabelung nicht re. Ri. „Ebertswiese", sondern 290 m geradeaus. An der Gabelung Ebertswiese li. bergab Ri. „Nesselhof".

7,2 Hier re. ab vom Rennsteig Ri. „Nesselhof".

7,8 Vor der Belegstelle Kirchtal li. über den Bach.

9,1 Der Straße nach re. bergab folgen.

10,2 In Nesselhof in der Spitzkehre li. bergab. Nach 310 m am Ortsende geradeaus auf Pfad zum Waldrand aufsteigen.

10,8 50 m im Wald den Naturlehrpfad nach re. bergab.

11,9 Direkt hinter der Europäischen Lärche li. bergauf in den Waldweg. Nach 860 m hinter Jagdhütte li. bergauf weiter. Nach 170 m Lichtung überqueren und re. durch Schneise steil bergab.

13,2 Am Ende der Schneise li. dem Waldweg folgen. Nach 80 m geradeaus über den Forstweg auf dem Naturlehrpfad bergab. Nach 350 m auf dem Forstweg li. bergauf Ri. „Rennsteig".

16,3 Auf dem Rennsteig nach re. Ri. „Sperrhügel". Nach 480 m, kurz vor dem Anstieg zum Sperrhügel, li. Weg durch Schonung.

17,4 Re. in Straße an den Hütten vorbei einbiegen.

21,5 Nach li. weiter auf Teer – bald lange Abfahrt.

25,9 Im Tal an der Gothaer Talsperre li. dem Apfelstädtgrund folgen.

27,9 Nach re. über den Bach, anschließend li. Nach 650 m dem Pfad re. bergauf Ri. „Nesselberghaus" folgen. Nach 230 m li. auf den Waldweg fahren. Nach 360 m erreicht man das Nesselberghaus.

28,8 Am Parkplatzende Ri. „Linker Tammichgrund". Nach 680 m geradeaus bergab auf grasbewachsenem Waldweg Ri. „Tambach-Dietharz".

30,6 An der Wegkreuzung re. bergab weiter talauswärts. Nach 990 m an der Kreuzung geradeaus, am Brunnen vorbei bergab in den Ort.

32,7 Vor der Gaststätte „Tammichgrund" li. der Straße folgen. 400 m am Hotel „Zum Lamm" li. in die Waldstr. Nach 460 m an der Gabelung re. weiter Ri. „Spittertal". Nach 200 m am Parkplatzende re. bergab.

34,3 Im Spittergrund auf Asphalt li. talwärts fahren. Nach 1080 m re. Ri. „Soldatengräber" bergauf.

36,8 An den Soldatengräbern li. auf Teer.

39,0 Re. ab Ri. „Zum Kreuz". Nach 860 m am Kreuz re. Ri. „Heuberghaus". Auf Rennsteig zurück zum Startplatz.

6 OBERSCHÖNAU – T

ALLGEMEINES

Majestätisch erhebt sich der Donnershauk etwas südwestlich des Rennsteigs aus der Umgebung. Dieser Hügel – Hög" oder „Hauk" sind die mittelhochdeutschen Wörter dafür – ist das Ergebnis der vulkanischen Tätigkeit in dieser Region. Auch nachdem sich die Erde unter der Erhebung beruhigt hatte, kehrte offenbar keine Ruhe ein – die Aktivitäten verlagerten sich nur auf den Gipfel. Bergarbeiter fanden hier eine Getreidemühle und ein Steinbeil aus der Steinzeit, so daß die Vermutung naheliegt, daß der Donnershauk einst den alten Germanen als Kultstätte für den Donnergott „Donar" diente – ein Hinweis darauf, daß sich auf den Höhen des Thüringer Waldes schon in grauer Vorzeit Menschen niedergelassen haben.

BACH-DIETHARZ

STRECKENPROFIL

Gesamtstrecke: 29,4 km
Reine Fahrzeit: 2,45 h
Anstiege: 835 Höhenmeter
Schwierigkeit: mittel

Diese reizvolle Tour beginnt in Oberschönau mit einem ca. 5 km langen Anstieg zum Rennsteig, den man nach einer halben Stunde, je nach Kondition mehr oder weniger geschafft, am Wachsenrasen erreicht. Nun gibt's einen Downhill mit tollen Aussichten. Auf einer Asphaltstraße in desolatem Zustand rollt man Richtung Tambach-Dietharz bis zur Gothaer Talsperre. Auf einer Forststraße geht es nun einigermaßen eben durch den Mittelwassergrund zum Mittelwasserteich. Die Köhlerhütten hinter dem Teich laden zu einer gemütlichen Rast mit Original Thüringer Rostbratwürsten ein. Danach heißt es das Bike schultern, denn es beginnt eine ca. 300 m lange Tragestrecke, die zunächst auf Pfad und später über Holzstufen, vorbei am Naturdenkmal des „Steinernen Tores", nach oben führt. Hier trifft man auf eine Forststraße, der man um den Großen Buchenberg folgt. Von hier aus kann man eine schöne Aussicht über die Täler der im Bau befindlichen Schmalwassertalsperre genießen, bevor man in einer kurzen Abfahrt zum Röllchen kommt. Diese kleine Schlucht sollte man sich anschauen, doch bitte ohne Bike – hier ist es wirklich sehr eng. Von nun an geht es wieder bergauf, mit tollen Aussichten über die umliegenden Täler und auf den riesigen Felsen des Falkensteins. Danach führt der Weg hinauf zur Gräfenhainer Straße und über den Rennsteig, vorbei am Donnershauk, in leichtem Auf und Ab dahin. Wie zur Belohnung gibt es zum Abschluß der Tour noch einen Downhill auf guter Piste. Prädikat: Traumtour!

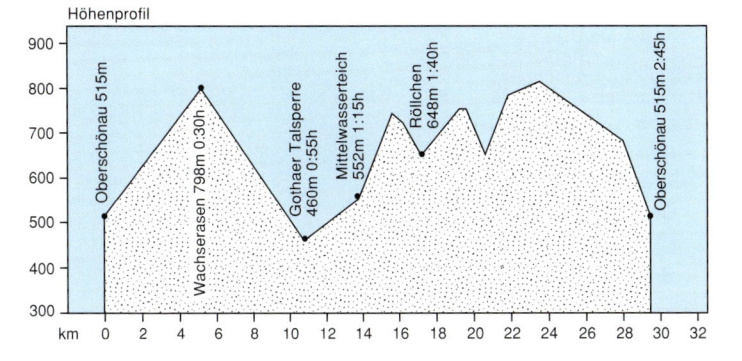

Höhenprofil

- Oberschönau 515m
- Wachserasen 798m 0:30h
- Gothaer Talsperre 460m 0:55h
- Mittelwasserteich 552m 1:15h
- Röllchen 648m 1:40h
- Oberschönau 515m 2:45h

6 OBERSCHÖNAU – TAMB

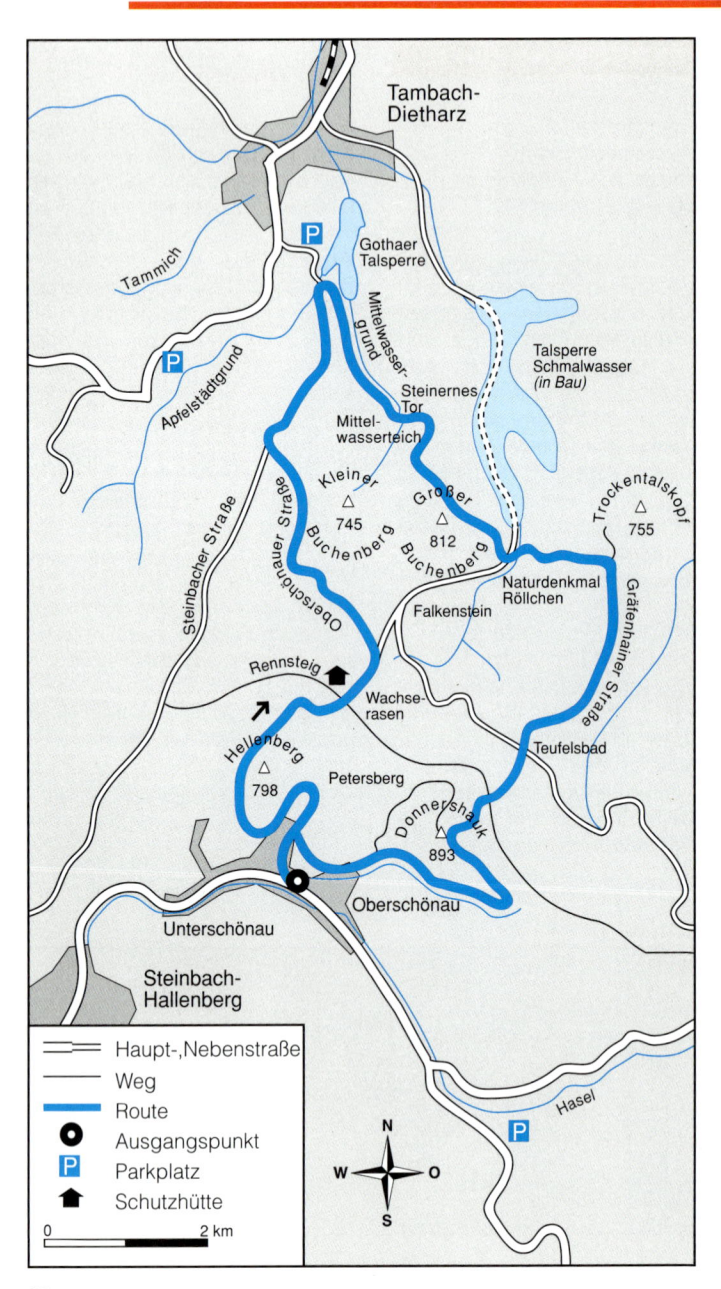

H-DIETHARZ

TOURCHECK

Von Suhl auf der B 247 nach Oberhof. Über den Grenzadler weiter nach Oberschönau. Startplatz ist der Parkplatz an der Bushaltestelle.

km 0,0 Von hier der Hauptstraße re. bergab folgen. Nach 100 m biegt man re. ab, gleich darauf an der Gabelung li. weiter Ri. „Falkenstein/Schutzhütte".

1,4 An der Kreuzung weiter Ri. „Rennsteig".

5,2 Man erreicht den Rennsteig am „Wachsenrasen". Hier weiter Ri. „Tambach-Dietharz". Nach 600 m an der Gabelung dem li. Zweig folgen. Nach 300 m der Straße geradeaus bergab folgen.

9,4 An der Straßengabelung dem re. Zweig – kurz darauf Forstweg – folgen.

11,6 Oberhalb der Gothaer Talsperre re. weiter Ri. „Falkenstein".

13,9 Vor dem Mittelwasserteich biegt man li. ab Ri. „Falkenstein". Hinter dem Teich an der Gabelung den li. Zweig befahren – kurz darauf Pfad und Tragestrecke. Nach 600 m erreicht man eine Forststraße und fährt nach re. Ri. „Falkenstein".

15,7 An der Kreuzung geht es weiter nach li. Ri. „Röllchen".

17,3 Man trifft auf eine Asphalt-Forststraße und biegt nach li. Ri. „Röllchen" ab. Nach 500 m geht re. ein Forstweg Ri. „Ausgang Röllchen" ab, dem man folgt.

18,4 An der Gabelung dem re. Zweig durch die Spitzkehre folgen. Nach 300 m an der Gabelung wieder dem re. Zweig folgen.

19,9 Man erreicht eine Forststraße und fährt li. bergauf. Nach 1100 m trifft man wieder auf die Gräfenhainer Straße (Forststraße) und folgt ihr nach re.

22,0 Kreuzung queren. Nach 700 m li. Nach 600 m an Kreuzung geradeaus.

23,5 An der Kreuzung nach re. Ri. „Donnershauk/Opferstein" abbiegen. Nach 500 m geht es an der Kreuzung re. Ri. „Oberschönau" weiter.

28,2 Man trifft auf eine Forststraße – später Straße – und fährt nach li.

29,0 Man erreicht die Hauptstraße und folgt ihr nach li. bis zum Startplatz.

7 RUND UM DEN KA

ALLGEMEINES

An der Kreuzung des Rennsteigs mit der Straße von Oberhof nach Schmalkalden liegt der Grenzadler, ein Platz, der seinen Namen einem mit einem preußischen Adler geschmückten Grenzstein verdankt. Dieser Ort ist wohl der sportliche Mittelpunkt des Thüringer Waldes, denn in einem etwa 1 km Richtung Oberhof entfernten Kunsteiskanal finden Rennrodler ideale Trainingsbedingungen, und direkt am Grenzadler steht das Biathlonstadion. Von hier aus schlängeln sich einige Kilometer Asphaltpisten durch die angrenzenden Wälder. Nicht zu vergessen ist auch die Trainingsstätte der „Deutschen Adler", die etwa 1 km Richtung Schmalkalden im Kanzlersgrund liegt. Zu der Anlage gehören eine 100-m- und eine 70-m-Skischanze, die auch Mattenspringen erlaubt. Bei dieser Tour kommt man am Schanzentisch vorbei, und mit ein bißchen Glück kann man hier auch im Sommer Springer trainieren sehen.

LERSGRUND

STRECKENPROFIL

Gesamtstrecke: 22,7 km
Reine Fahrzeit: 2,25 h
Anstiege: 442 Höhenmeter
Schwierigkeit: mittel

Vorbei an der Schanzenbaude führt der Waldweg oberhalb des Kanzlersgrunds bis zum Schanzentisch der Rennsteigschanze. Mit Blick auf die Zuschauerränge und hinüber zum Falkenstein kann sich auch der Radler vorstellen, welches Feeling wohl der Skispringer haben mag. Noch imposanter ist der Ausblick natürlich vom Anaufturm. Weiter geht es auf Forstwegen, die meist bergauf führen, bis zum Gebrannten Stein mit einer traumhaften Aussicht. Auf meist gut befahrbaren Wegen fährt man nun bergab, vorbei am Ruppberg, und erreicht eine idyllische Wiese, aus der sich der Steinhauk erhebt. Man überquert dieses schöne Fleckchen Erde und radelt am Kalten Brunnen vorbei, bevor es an den Hängen des Großen Hermannberges auf zum Teil schwierigen, mit Gras bewachsenen Strecken downhill Richtung Oberschönau weitergeht. Nach ca. 12 km erreicht man die Ski- und Wanderhütte. Auch wenn der Biker im Namen der Hütte nicht genannt ist, fällt die Entscheidung, hier eine Pause einzulegen, angesichts des „völlig unerwarteten" Dufts nach Original Thüringer Bratwurst recht leicht. Über den Skihang führt ein Pfad nach Oberschönau. Auf dieser Strecke sollte man sein Bike zumindest am Wochenende schieben, denn der Weg ist für Wanderer und Radler einfach zu schmal, und man will ja auch nicht über die Wiese rutschen. Auf der anderen Seite des Ortes geht es auf ca. 4 km Strecke, vorbei am Hohen Stein, 330 Höhenmeter hinauf zum Rennsteig. Darauf erreicht man in meist ebener Fahrt durch eine reizvolle Landschaft wieder den Startplatz. Traumtour!

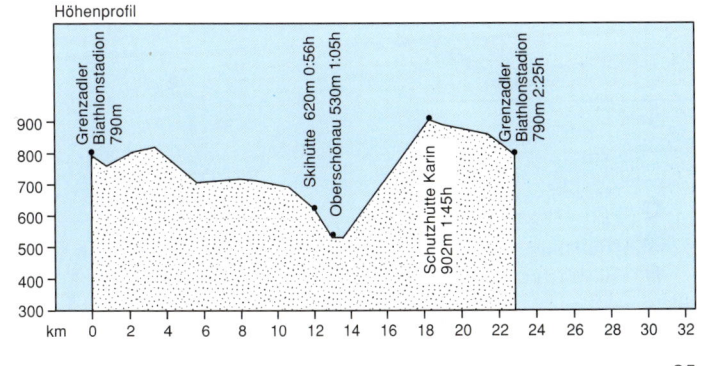

Höhenprofil

7 RUND UM DEN KANZLE[R]

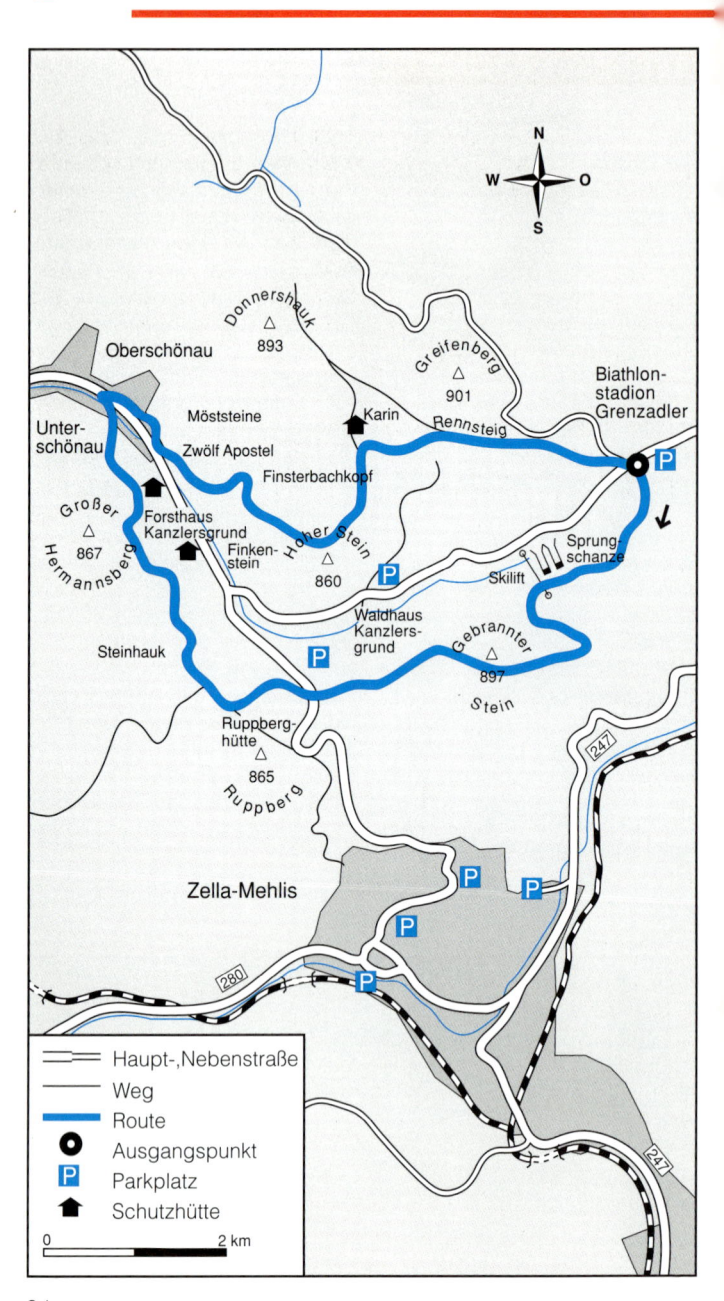

TOURCHECK

Von Suhl auf der B 247 nach Oberhof. Hier weiter zum Biathlonstadion/Grenzadler. Re. an der Straße liegt der Parkplatz.

km 0,0 Die Straße überqueren und dem Wegweiser „Schanze am Rennsteig/Schanzentisch" an der Schanzenbaude vorbei folgen. Nach 400 m an der Gabelung dem li. Zweig folgen.

1,7 Kurz vor dem Eisentor an der Gabelung li. weiter.

2,1 An der Kreuzung am Schanzenturm li. bergauf fahren.

3,3 Die Kreuzung überqueren und anschließend re. weiter Ri. „Gebrannter Stein". Nach 200 m an der Gabelung Ri. „Rennsteig-Dollmar-Weg/Kanzlersgrund" fahren.

5,2 An der Gabelung re. bergab weiter. Nach 500 m dem Forstweg li. bergab folgen. Nach 100 m in den Forstweg Ri. „Ruppberg" einbiegen.

7,0 Die Straße überqueren und dem Forstweg durch die Schranke folgen.

8,3 An der Gabelung re. Ri. „Ski- + Wanderhütte Oberschönau".

9,7 Ri. „Ski- + Wanderhütte" nach re. Nach 600 m bei Gabelung geradeaus in den Wiesenweg. Nach 200 m bei Gabelung wieder Ri. „Ski- + Wanderhütte Oberschönau" nach li. Nach 300 m dem Weg Ri. „Oberschönau" folgen.

11,9 An der Kreuzung weiter Ri. „Unterschönau/Blochwiesen". Nach 400 m an der Gabelung wieder li. Ri. „Ski- + Wanderhütte".

12,4 Von der Ski- + Wanderhütte dem Pfad bergab am Skihang entlang in den Ort folgen. Nach 600 m an der Kreuzung nach li. zur Hauptstraße und dieser li. folgen.

13,3 Re. weiter in die Möst Ri. „Schutzhütte Karin" fahren. Nach 100 m an der Gabelung re. abbiegen – wird kurz darauf Forstweg. Diesem stets Ri. „Schutzhütte Karin/Rennsteig" folgen.

18,3 An der Schutzhütte geradeaus weiter Ri. „Rennsteig/Donnershauk". Nach 700 m erreicht man den Rennsteig und fährt re. weiter Ri. „Schanzenbaude" und zurück zum Startplatz.

8 VON OBERHOF ZUR

ALLGEMEINES

1960 erschütterten Explosionen das ruhige Tal, in dem sich Kern und Silberwasser sanft zum Flüßchen Ohra vereinigten. Motorsägen arbeiteten sich in die Wälder vor, und neue Straßen wurden in die Hänge geschnitten. Dies war der Baubeginn für einen riesigen Trinkwasserspeicher, der das Thüringer Becken mit dem lebensnotwendigen Naß versorgen sollte. Das ruhige Plätschern der Bäche und der Gesang der Vögel sollten für die nächsten sieben Jahre dem Lärm von Baumaschinen und reger Bautätigkeit weichen. Unzählige Lkws karrten Unmengen von mächtigen Steinbrocken heran, um das Tal oberhalb von Luisental abzuriegeln. Gewaltige Raupen wühlten sich über die Talsohle und schoben Wälle von Schlamm, Erde und Kies vor sich her. Die so entstandene Ohratalsperre hat eine Speicherkapazität von etwa 18 Millionen Kubikmeter Wasser, die von einem 59 m hohen und 260 m langen Steinschüttdamm im Tal gehalten werden. Heute ist hier längst wieder Ruhe eingekehrt. Zahlreiche Bäche speisen aus idyllischen Tälern nun den 88 ha großen Stausee, der diesem Tal ein neues, aber sehr reizvolles Gesicht gegeben hat.

OHRATALSPERRE

STRECKENPROFIL

Gesamtstrecke: 26,8 km
Reine Fahrzeit: 1,50 h
Anstiege: 265 Höhenmeter
Schwierigkeit: leicht

Die Tour beginnt an der Kaderschmiede für Biathleten am Grenzadler in Oberhof. Hier schinden sich die Biathleten Tag für Tag, um einmal bei Meisterschaften ganz vorn mit dabei zu sein. Von Schinderei kann auf unserer Biketour allerdings kaum die Rede sein. Der erste Streckenabschnitt beschränkt sich größtenteils auf einen Downhill, der am „Saukopfmoor" und am Kammerbacher Pirschhaus vorbei unterhalb des Großen Böhlers bis zur Ohratalsperre hinabführt. Dieser herrlich gelegene Stausee mit seinem klaren Gebirgswasser dient der Trinkwasserversorgung, weshalb Baden hier leider verboten ist. Die steilen Ufer mit bis zu 20 m hohen Felsen wären andernfalls sicher ein Eldorado für Klippenspringer. Weniger spektakulär, dafür aber gestattet und sicherlich ebenfalls reizvoll ist eine Ruderpartie, für die man sich hier Boote ausleihen kann. Für den Biker bietet es sich an, in dieser traumhaften Kulisse eine Rastzeit einzulegen. Nur schade, daß man sich seine Brotzeit selbst mitbringen muß, denn die nächste Kneipe findet sich im etwa 2 km entfernten Luisenthal. Nachdem man die Talsperre auf der asphaltierten Uferstraße teilweise umrundet und die Vorstaumauer passiert hat, beginnt der Aufstieg. Durch das Weisbacher Loch bikt man auf einem schwer zu befahrenden Schotterweg nach oben. Auf den Höhen des Thüringer Waldes angekommen, kann man den Blick zurück auf die Ohratalsperre in vollen Zügen genießen, denn nun geht es relativ eben auf einer gut ausgebauten Forststraße zurück zum Ausgangspunkt.

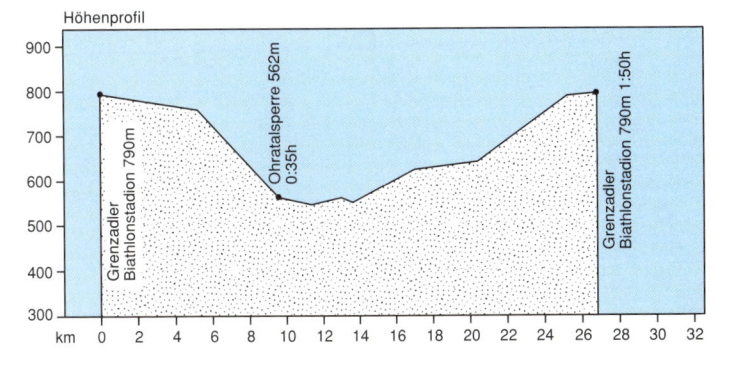

Höhenprofil

39

8 VON OBERHOF ZUR OH

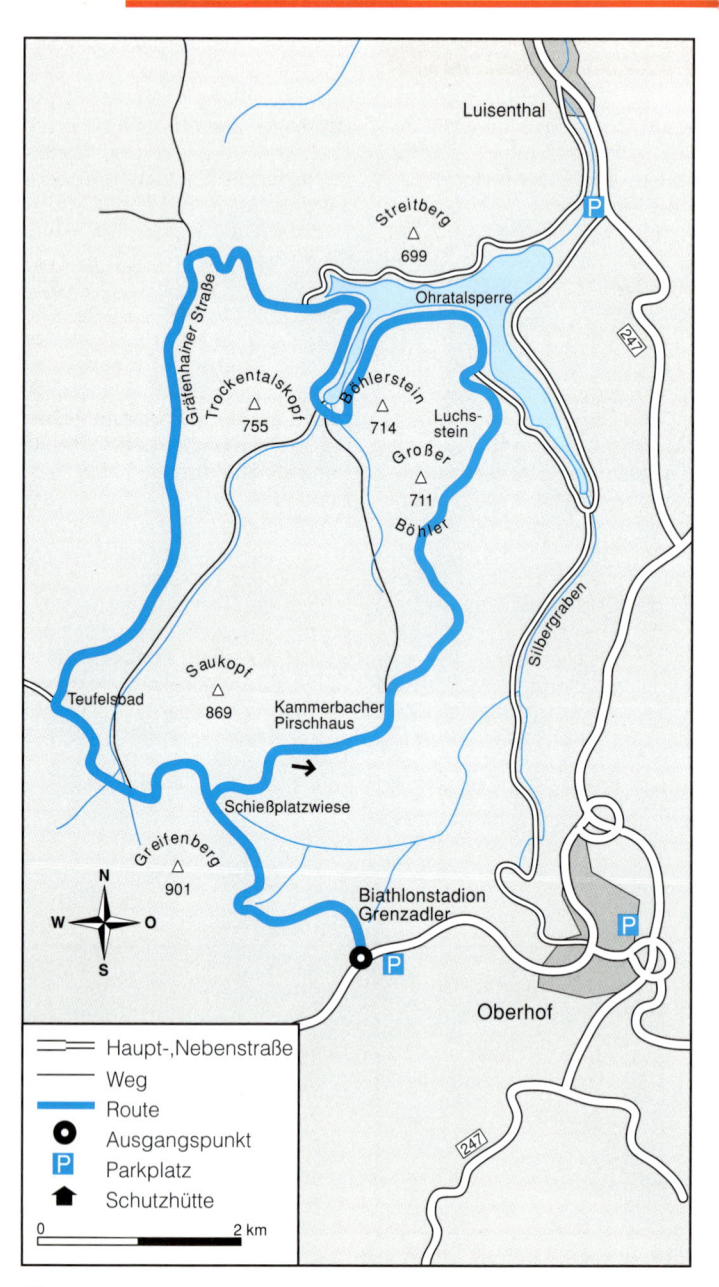

TALSPERRE

TOURCHECK

Auf der B 247 von Suhl nach Oberhof. In Oberhof weiter zum Biathlonstadion. Hier liegt der Parkplatz re. an der Straße.

km 0,0 Am re. Ende des Parkplatzes an der Gabelung dem li. Zweig – später Teer – folgen.

2,8 Von der Straße re. in den Forstweg Ri. „Saukopfmoor" bergab einbiegen. Nach 600 m an der Kreuzung li. bergauf weiter.

5,3 Man trifft auf eine Straße und fährt re. weiter. Nach 700 m an der Kreuzung geradeaus dem Forstweg in den Wald folgen. Nach 1000 m mündet der Weg in eine Forststraße, hier weiter bergab.

9,5 Der Forststraße nach re. bergab folgen. Nach 300 m auf Teer nach li. um die Ohratalsperre. Nach 3800 m, nachdem man die Vorsperre umfahren hat, im nächsten Tal dem Forstweg li. bergauf in den Wald folgen.

15,4 An der Gabelung li. in den zurückführenden Forstweg bergauf einbiegen. Nach 800 m an der Gabelung dem li. Zweig folgen. Nach 100 m an der Gabelung re. bergauf fahren.

16,5 Gabelung – dem re. Zweig folgen. Nach 200 m auf der Gräfenhainer Straße (Forststraße) nach li.

19,6 An der Gabelung re. dem Hauptweg folgen. Nach 1200 m mündet man auf Teer. Es geht li. weiter.

25,3 Die Straße wird zum Forstweg, dem man folgt bis zum Startplatz.

9 FAMILYTOUR ZUM

ALLGEMEINES

Am Nordhang des Thüringer Waldes, am Ende des Langen Grunds, liegt der Lütschestausee zwischen der Hohen Warte und dem Borzelberg. Unterhalb der Staumauer beginnt das Lütschetal, in dem einst das Walddorf Lützsche stand. Dessen Bewohner verdienten ihren Lebensunterhalt mit Wilddieberei, woraufhin Herzog Ernst II. von Gotha die Siedlung um 1864 abbrechen ließ. So richtig ruhige Zeiten hat diese Gegend also offenbar nie erlebt, denn heute dient der Lütschestausee als Badesee und erfreut sich deshalb als Ausflugsziel großer Beliebtheit. Ob zum Baden, zum Promenieren auf der Uferstraße oder auf einen Drink im Gasthaus „Lütschestausee" – es ist einfach das ideale Ziel für eine kleine Tour am häufig so tristen Sonntagnachmittag.

ÜTSCHESTAUSEE

STRECKENPROFIL

Gesamtstrecke: 12,4 km
Reine Fahrzeit: 1,25 h
Anstiege: 240 Höhenmeter
Schwierigkeit: leicht

In der Kürze liegt die Würze, und so muß man auch bei dieser angenehmen Sonntagnachmittagstour auf nichts verzichten, was das Mountainbiken zum Erlebnis macht. Die Tour beginnt in Oberhof mit einer ca. 5 km langen Abfahrt zum Lütschestausee. Man fährt um ihn herum bis zum Gasthaus „Lütschestausee".

Nun folgt mit dem Aufstieg durch den Langen Grund auf die Höhen des Thüringer Waldes der etwas anstrengendere Teil der Tour, der allerdings keinen überfordern dürfte. Ist man oben angekommen, geht es in leichtem Auf und Ab, unterbrochen von einer kurzen Tragestrecke, zurück zum Startplatz.

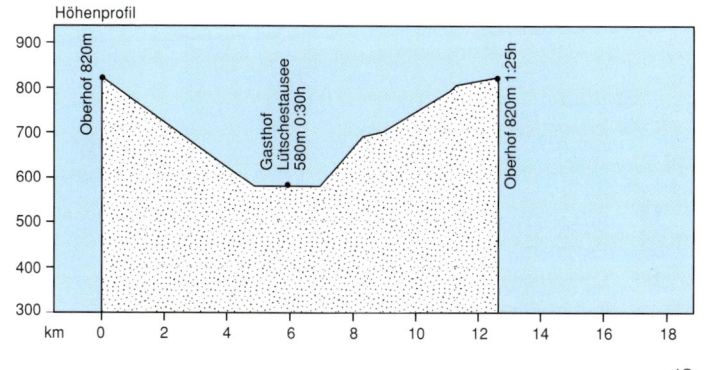

9 FAMILYTOUR ZUM LÜTS

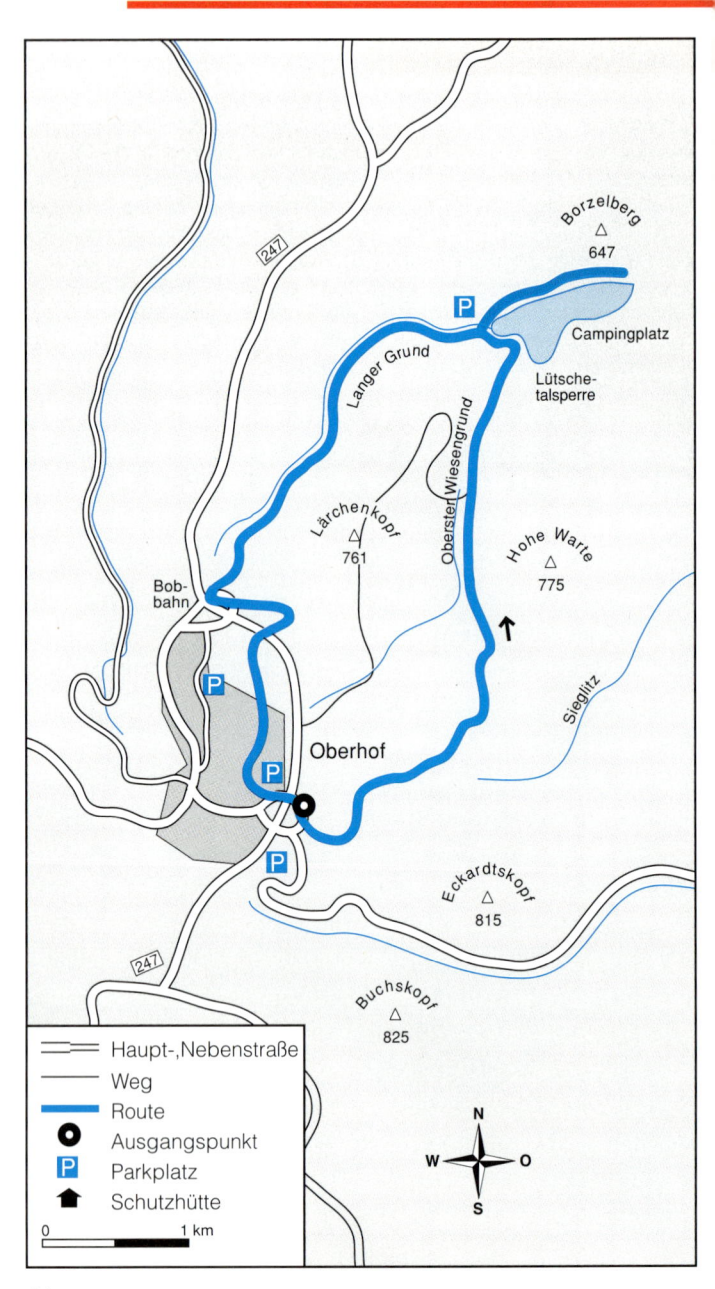

TOURCHECK

Von Erfurt auf der B 247 nach Suhl. In Oberhof abfahren. Nach li. unter der B 247 hindurch, wieder Ri. B 247. In der Auffahrt liegt 70 m hinter dem Abzweig Gehlberg re. der Startplatz.

km 0,0 Von hier der Forststraße bergauf folgen. Nach 100 m an der Gabelung re. Ri. „Gräfenroda" weiter. Nach 500 m an der Gabelung li. Ri. „Lütschestausee".

2,1 An der Gabelung Hohe Tanne wieder Ri. „Lütschestausee".

4,9 Hinter dem Campingplatz erreicht man die Kreuzung am Lütschestausee. Hier li. ab und der Straße folgen. Nach 1300 m erreicht man den Gasthof „Lütschestausee". Von hier zurück bis zum Parkplatz fahren.

7,2 Am Parkplatz re. bergauf Ri. „Oberhof/Oberhofer Str." – später Teer.

10,3 An der Kreuzung li. in die Forststraße bergauf abzweigen. Nach 700 m an der Kreuzung bergauf re. weiter. Nach 200 m die Hauptstraße überqueren und den Hang zum Waldweg aufsteigen. Hier weiter nach li. bergauf.

11,8 Der Weg wird zur Straße. Es geht bergauf weiter an dem Platz mit den Garagen vorbei parallel zur B 247 bis zum Startplatz.

10 RUNDTOUR UM D

ALLGEMEINES

Eruptionen brachten die Erde zum Erbeben und schleuderten gewaltige Aschewolken in den Himmel, aus zahlreichen Schloten und Trichtern trat rotglühende Lava aus und wälzte sich als zäher Fluß ins Tal – es muß schon ein tolles Szenario gewesen sein, das man einst hier rund um den Ruppberg erleben konnte. Der im folgenden beschriebene Abstecher vom Rennsteig zum Ruppberg führt über die Kraterwände jenes Gipfels, der zwar dem Klischee vom wohlgeformten Vulkankrater genauestens entspricht, sein heutiges Erscheinungsbild aber weniger der vulkanischen Tätigkeit als vielmehr der Erosion verdankt. Obwohl dem Ruppberg schon lange keine stinkenden Schwefeldämpfe mehr entsteigen, hat er auch heute einiges zu bieten. Wo einst Aschewolken den Himmel verdüsterten, steht heute eine kleine gemütliche Baude, von deren Terrasse man einen traumhaften Blick auf die schöne Umgebung hat.

N GEBRANNTEN STEIN

STRECKENPROFIL

Gesamtstrecke: 27,7 km
Reine Fahrzeit: 2,20 h
Anstiege: 526 Höhenmeter
Schwierigkeit: mittel

Mit dem Aufstieg an den Südosthängen des Gebrannten Steins – von Zella-Mehlis hinauf zum Rennsteig – hat man gleich am Anfang der Tour ein hartes Stück Arbeit vor sich. Ist diese Aufgabe erledigt, fährt man relativ eben auf dem Rennsteig bis zur Schanzenbaude. Von hier aus geht es bergab durch den Kanzlersgrund, vorbei an der „Schanze am Rennsteig", am Sporthotel „Falkengraben" bis zum „Café Kanzlersgrund", wo man Kräfte für den gleich anschließenden Anstieg auf den Ruppberg sammeln kann. Der Uphill beginnt und endet mit geschultertem Bike, bevor man die Aussicht vom „Zellaer Vesuv", wie der Ruppberg wegen seiner früheren vulkanischen Tätigkeit im Volksmund genannt wird, genießen kann. Bei einem kleinen Imbiß für sehr wenig Geld in der gemütlichen Atmosphäre der Ruppbergbaude kann man es hier schon etwas länger aushalten. Nach der Abfahrt vom Ruppberg radelt man auf guten Wegen durch das Heinrichsbachtal und kommt nach einer kurzen Ortsdurchfahrt von Zella-Mehlis zurück zum Startplatz vor dem Hotel Waldmühle.

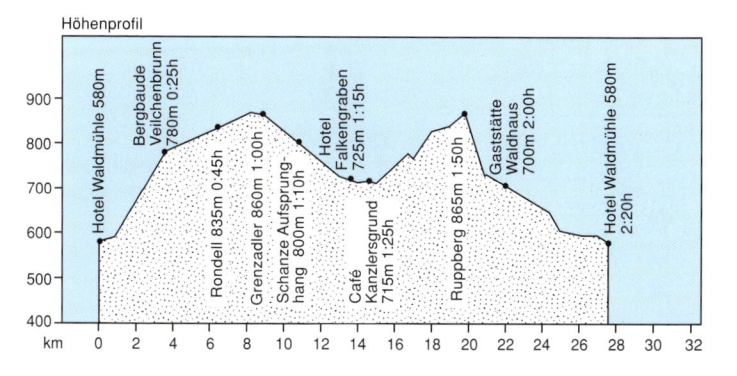

Höhenprofil

10 RUNDTOUR UM DEN G

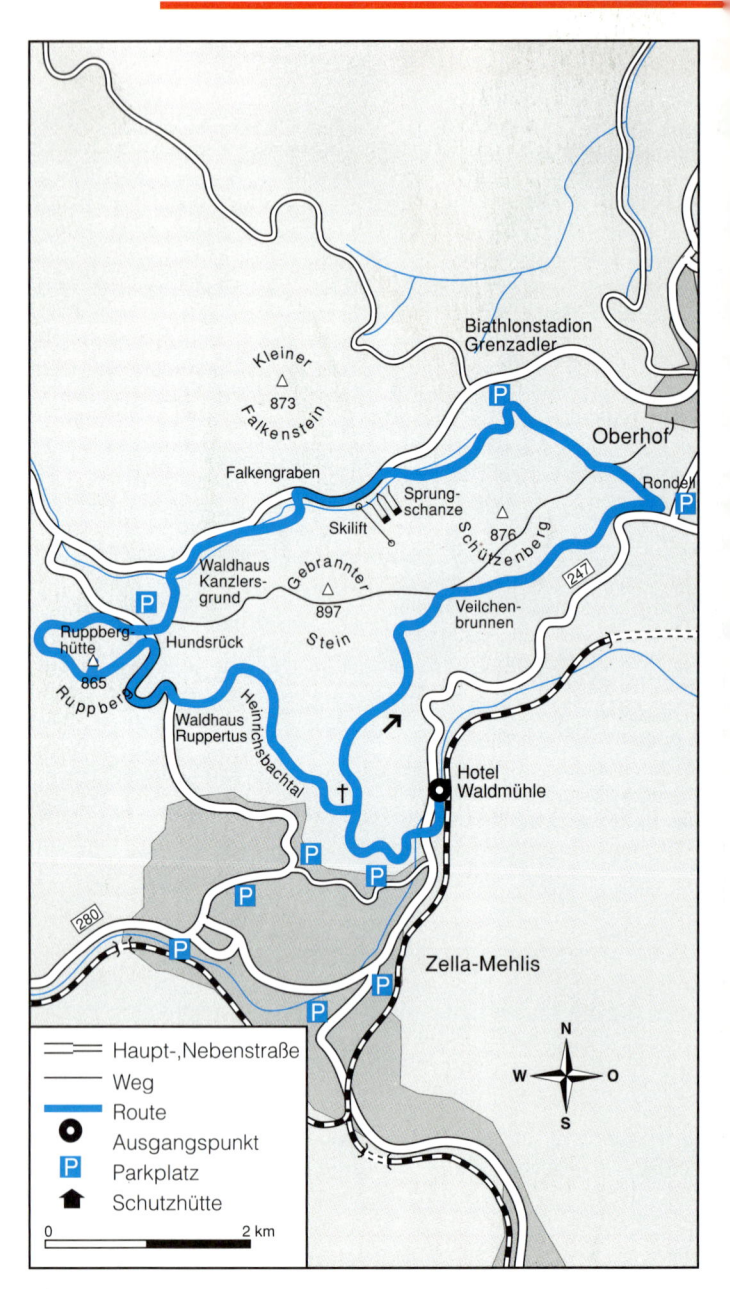

RANNTEN STEIN

TOURCHECK

km 0,0 Auf der B 247 von Suhl Ri. „Oberhof". Am Ortsausgang von Zella-Mehlis re. zum Hotel „Waldmühle" fahren. Die Kilometerangaben beginnen hier am Rechtsabzweig. Der Parkplatz liegt am Hotel. Von hier in die B 247 Ri. „Oberhof" einbiegen. 50 m li. in den Forstweg bergauf fahren. An der Straße re. Nach 140 m vor dem Friedhof re. bergauf – kurz darauf Forstweg.

2,4 An der Kreuzung re. Ri. „Bergbaude Veilchenbrunnen" fahren.

3,5 An der Bergbaude dem Weg Ri. „Rondell" folgen.

6,5 Am Rondell li. bergauf Ri. „Rennsteig", später „Schanze am Rennsteig" folgen.

8,7 150 m vor der Straße li. zur „Schanzenbaude" abbiegen. Der Forststraße unterhalb der Baude li. folgen. Nach 370 m an der Gabelung re. bergab weiter.

10,7 Am Aufsprunghang der Schanze re. über die Zuschauerränge zur Straße aufsteigen. Darauf li. bergab. Nach 2340 m li. zum „Hotel Falkengraben" einbiegen. Kurz hinter dem Parkplatz re. über den Bach auf Waldweg/Pfad bergab.

14,9 An der Gabelung re. über den Bach zur Straße. Hier nach li. zum Café „Kanzlersgrund". An der Bushaltestelle li. auf dem Pfad bergab, wieder über den Bach und nach re. weiter. Nach 200 m li. durch den Wald aufsteigen. Am Waldrand re. entlang. Nach 180 m dem zugewachsenen Waldweg re. folgen.

16,0 Der Straße zum Ruppberg li. bergauf folgen. Nach 550 m vor dem Parkplatz re. in die Forststraße Ri. „Ruppberg" einbiegen. Nach 1500 m an der Gabelung nach li. zu kleinem Haus. Vor der Schranke li. dem Wiesenpfad zum Wald hinauf folgen. Nach 480 m re. halten.

18,8 An der Kreuzung li. Ri. „Ruppberg-Gipfel" abbiegen. Der Weg wird wenig später zum Pfad. Vom Ruppberg-Gipfel zurück zur Kreuzung. Hier li., stets bergab.

20,9 Auf Asphalt re. bergab zur Gaststätte „Waldhaus". Über den Parkplatz hinter dem Lokal weiter Ri. „Zella-Mehlis über Heinrichsbachtal".

25,3 An der Kreuzung halbli. an der Hütte vorbei, weiter bergab.

25,7 Im Tal am Waldrand Wiese und Bach überqueren und re. talauswärts weiter. Nach 300 m li. bergauf abzweigen. An der Holzschanze vorbei auf dem Pfad bergab zum Waldrand. Hier li. auf dem Pfad bis zum Friedhof. Von hier den Weg zurück zum Startplatz.

11 VON DER KRIENITZE

ALLGEMEINES

„Ihr seht so aus, als bräuchtet ihr dringend etwas zu trinken", begrüßt uns die Bedienung an der Krienitzenstube, als wir von unserer Tour zurückkamen. „Ja" antworten wir, „nicht nur dringend, sondern auch reichlich." Nachdem sie uns mit Flüssigkeit versorgt hat, erzählt sie, daß sie uns schon am Nachmittag beobachtet hat, als wir unsere Bikes fertig machten für die Tour, und nun gerne wissen möchte, was hier jemand mit dem „Fahrrad" macht. Wir erklärten ihr unser Vorhaben mit dem Bike-Führer über den Thüringer Wald, daß wir jeden Tag Touren fahren und aufzeichnen und daß es einen riesigen Spaß macht, sich auf diese Art und Weise in der Natur fortzubewegen. Mit leichtem Kopfschütteln und einem fast mitleidigen Lächeln, das ihr Unverständnis verriet, ging sie zum nächsten Tisch. Jedesmal wenn sie an unserem Platz vorbeikam, konnten wir den gleichen Ausdruck des Bedauerns in ihrem Gesicht feststellen.

TUBE BIS ZUM DOMBERG

STRECKENPROFIL

Gesamtstrecke: 20,2 km
Reine Fahrzeit: 2,25 h
Anstiege: 345 Höhenmeter
Schwierigkeit: mittel

Am Gasthof Krienitzenstube beginnt die Tour mit einem Aufstieg. In einigen Wanderkarten sind die Krienitzenstube und der Linsenhof vertauscht worden. Die Angabe auf Seite 52 entspricht den tatsächlichen Verhältnissen vor Ort. Man überquert den Regenberg und erreicht nach einer steilen Abfahrt die sehr idyllisch gelegene Regenberghütte. Hier eine Rast einzulegen ist geradezu ein Muß: In der netten und gemütlichen Atmosphäre kann man den Ausblick auf den gegenüberliegenden Ruppberg (nördlich von Zella-Mehlis) genießen oder einfach in geselliger Runde an den Holztischen vor der Hütte zusammensitzen, natürlich mit dem Duft der obligatorischen Original Thüringer Bratwurst in der Nase. Nach der Rast geht es zunächst durch den Wald bergab und dann oberhalb von Zella-Mehlis am Hang des Regenbergs entlang. Nach einem Anstieg erreicht man eine Lichtung mit Blick auf den Dürrberg. Nun folgt der Teil der Tour, der wohl die größte Geschicklichkeit erfordert. Nach einer Abfahrt durch den Wald auf einem zum Teil kaum erkennbaren Pfad und einer kurzen ebenen Strecke geht es extrem steil nach oben – dieser Abschnitt erfordert schon einige Überwindung. Danach radelt man eher gemütlich nach Albrechts und nach einer kurzen Ortsdurchfahrt stetig bergauf zum Domberg. Vom Aussichtsturm auf dem Gipfel hat man einen schönen Panoramablick, der vom Zentralmassiv des Thüringer Waldes um den Großen Beerberg bis in die Rhön reicht. Die letzten Meter dieser Tour führen mit kurzen Unterbrechungen bergab. – Achtung: Die Regenberghütte ist nur am Wochenende und an gesetzlichen Feiertagen geöffnet!

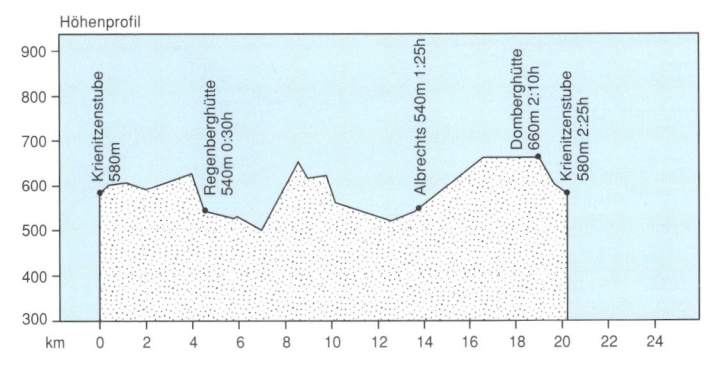

11 VON DER KRIENITZENS

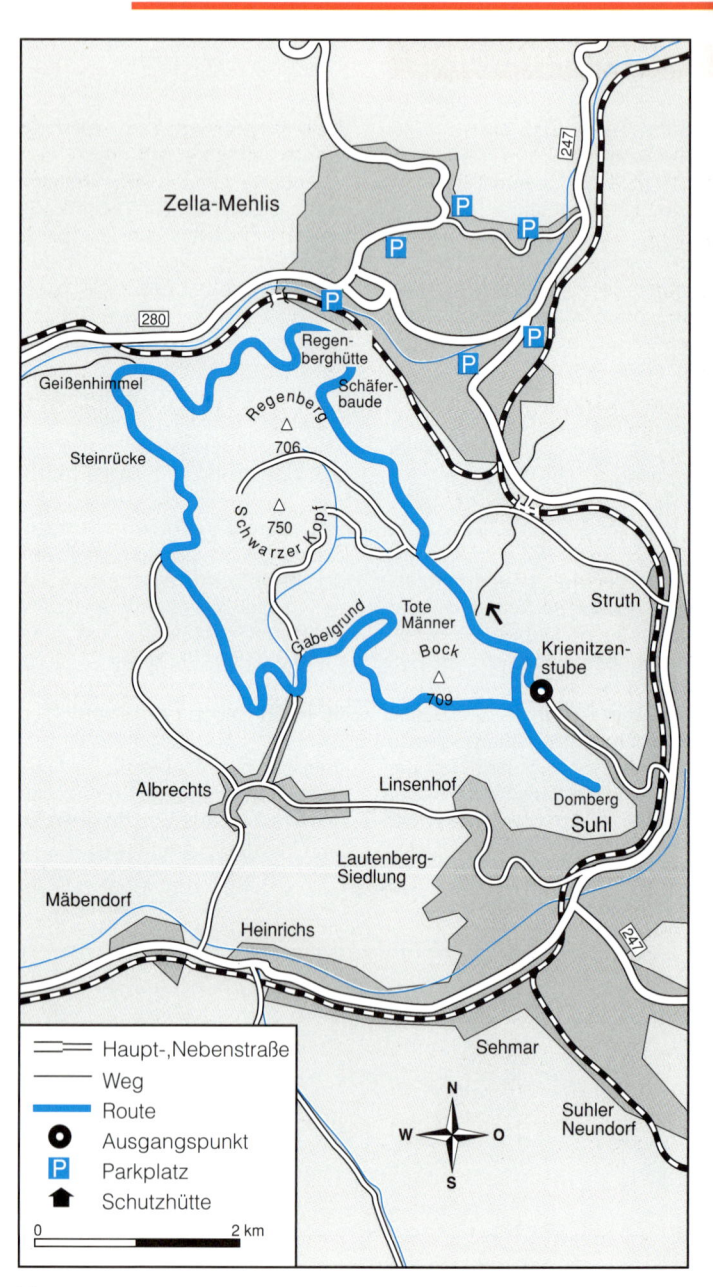

BE BIS ZUM DOMBERG

TOURCHECK

Auf der B 247 durch Suhl. Am Abzweig Ri. „Ilmenau" vorbei. Nach 250 m geht li. die kleine Gasse hoch zum Domberg.

km 0,0 Vom Parkplatz Krienitzenstube beginnt die Tour der Straße bergauf folgend. Nach 540 m geradeaus Ri. „Tote Männer". Nach 850 m an der Gabelung li. weiter.

2,2 Man mündet auf die Straße und fährt schräg gegenüber Ri. „Regenberghütte" bergauf weiter.

3,9 An der Hilpertswiese re. bergab Ri. „Regenberghütte". Nach 500 m geht hinter der Hütte der Weg Ri. „Geißenhimmel" in den Wald.

6,7 Am „Großen Drehfleck" li. bergauf Ri. „Geißenhimmel". Nach 350 m an der Gabelung Ri. „Albrechts".

8,0 An der Kreuzung geradeaus Ri. „Regenberg". Nach 390 m Hauptweg nach re. folgen. Nach 100 m li. halten. Nach 70 m bei Pfadgabelung (schlecht erkennbar) li. Geradeaus am Waldrand bergab – kurz darauf zurück in den Wald.

8,9 Dem Forstweg li. folgen. Nach 850 m an der Kreuzung re. „sausteil" bergab. Nach 710 m re. bis zur Kreuzung und li. Ri. „Albrechts/Suhl" weiter.

12,6 Im Abstand von 80 m gehen zwei Wiesenwege nach li. ab – dem zweiten folgen. Nach 570 m am Waldrand re. weiter. Nach 210 m am Ortsrand von Albrechts li. bergauf und stets re. halten.

14,9 Direkt vor der Pumpstation am höchsten Punkt des Weges li., auf Pfad bergauf in den Wald. Nach 290 m an der Gabelung re. abzweigen. Nach 100 m geradeaus Ri. „Rund um den Bock".

16,8 An der Kreuzung halbre., dem Weg folgen. Nach 160 m re. auf der Straße zum Domberg fahren.

18,0 Von der Domberghütte auf der Straße zurück zum Startplatz.

12 NATUR PUR – D

ALLGEMEINES

In den Oehrenstocker Gruben sollen im Mittelalter mehr als 30 000 Zentner an Weichmanganerzen zur Glaserstellung abgebaut worden sein. Hier in dieser Gegend wurden vor allem Wein-, Bier- und Apothekengläser hergestellt, und das ganze Gewerbe florierte recht lange. Nach anfänglichen Schwierigkeiten beim Start in der Mitte des 17. Jahrhunderts zwang erst 1830 ein heftiger Preiskampf viele Glasmacher zur Aufgabe und Emigration. In der Zeit des Sozialismus konzentrierte sich die Glaserstellung in Altenfeld auf vier Werke. Heute, im wiedervereinigten Deutschland, kann man nur hoffen, daß den jetzigen Glasmachern nicht Ähnliches bevorsteht wie im letzten Jahrhundert ihren Kollegen.

CHS SCHORTETAL

STRECKENPROFIL

Gesamtstrecke: 33,2 km
Reine Fahrzeit: 2,45 h
Anstiege: 670 Höhenmeter
Schwierigkeit: mittel

Natur pur, so präsentiert sich der erste Streckenabschnitt dieser Tour. Vom Großen Dreiherrenstein führt der Weg zunächst in das idyllische, sehr wildreiche Schortetal, das man in einer etwa 8 km langen, aber sanften Abfahrt erreicht – so kann man in Ruhe die Landschaft genießen. Man durchfährt das Schwimmbachtal, überquert – vorbei am Mittel- und am Kienberg – einen Gebirgszug und kommt in den östlich gelegenen Schobsegrund. Dieser Teil der Tour beginnt mit einem ca. 2 km langen Aufstieg, dann geht es in ständigem Wechsel auf und ab, bis man mit einer abschließenden Abfahrt in den Schobsegrund gelangt. Von hier aus radelt man zunächst wieder nach oben um den Steinberg. Der Weg zur Ratsmühle führt über zum Teil anstrengende Downhills auf meist mit Gras bewachsenen Wegen ins Tal. Leider wird die Ratsmühle nicht mehr bewirtschaftet, auch wenn sie in vielen Karten noch als Gaststätte verzeichnet ist. An dem Bächlein Wohlrose entlang radelt man nun einige Zeit auf der Asphaltstraße, bevor mit einer Forststraße der Aufstieg zum Rennsteig beginnt. Nachdem man ihn erreicht hat, geht es zunächst noch mal ein Stück steil nach oben, doch dann hat man es endgültig geschafft. Mit einer Abfahrt und ein paar Metern auf ebener Strecke gelangt man wieder zum Startplatz. Das einzige Manko dieser schönen und anstrengenden Tour ist, daß unterwegs die Rasthäuser fehlen. Also heißt es: Verpflegung einpacken.

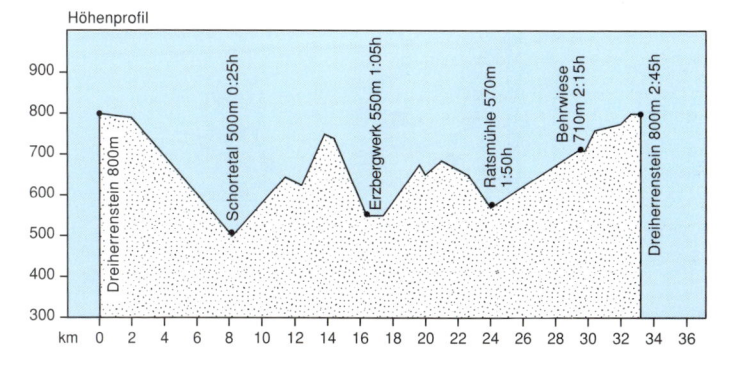

Höhenprofil

Dreiherrenstein 800m — Schortetal 500m 0:25h — Erzbergwerk 550m 1:05h — Ratsmühle 570m 1:50h — Behrwiese 710m 2:15h — Dreiherrenstein 800m 2:45h

12 NATUR PUR – DURCH

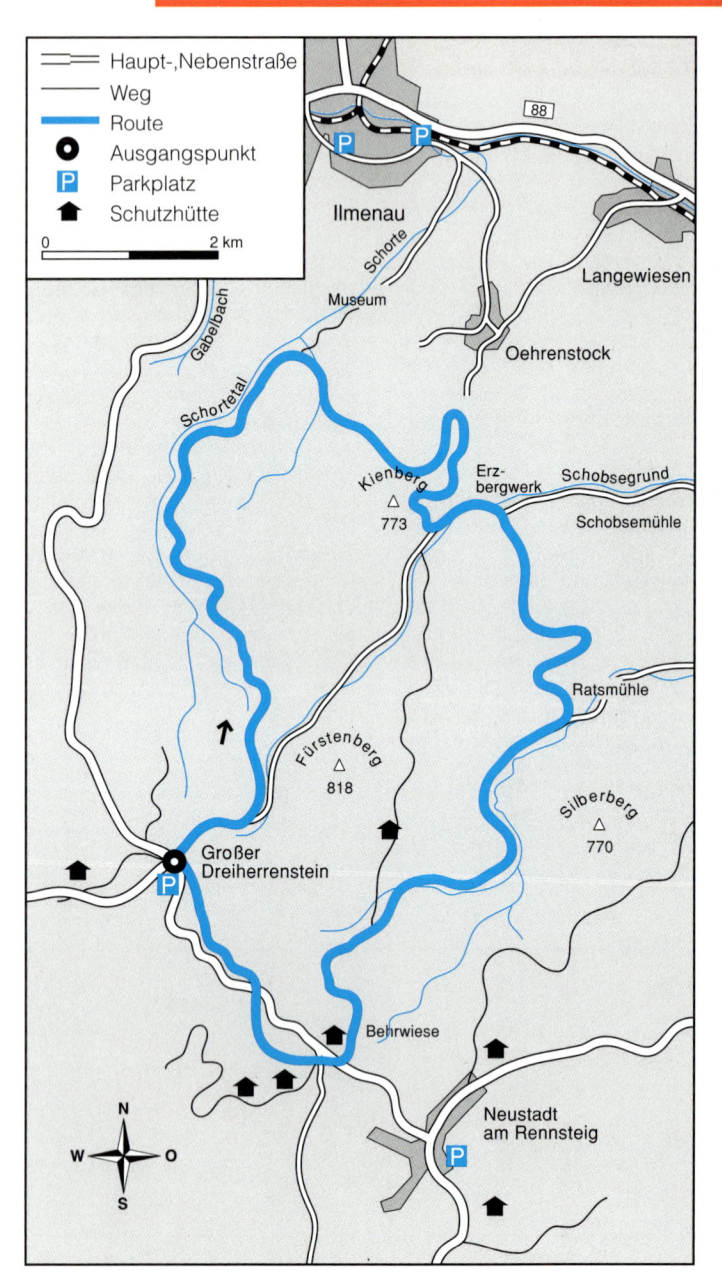

CHORTETAL

TOURCHECK

Von Suhl auf der B 4 Ri. Ilmenau. Ca. 2 km hinter Schmiedefeld re. ab Ri. „Neustadt". Nach ca. 5 km erreicht man die Kreuzung Gasthof „Dreiherrenstein".

km 0,0 Am Parkplatz der Forststraße Ri. Oehrenstock folgen.

1,8 An der Kreuzung den Weg li. an der Hütte vorbei stets bergab fahren.

8,1 An der Kreuzung im „Schortetal" re. abzweigen und weiter Ri. „Oehrenstock".

12,1 An der Kreuzung geradeaus weiter bergab.

14,5 An der Kreuzung re. Ri. „Schopsemühle" abbiegen.

16,3 Im Tal trifft man auf eine Forststraße und folgt dieser nach li. Ri. „Schopsemühle". Nach 1070 m gegenüber des Steinbruchs dem zurückführenden Forstweg bergauf folgen. Nach 30 m re. halten.

18,2 In der Spitzkehre auf dem Hauptweg geradeaus fahren.

20,3 Man trifft ca. 30 m vor einer Kreuzung auf einen Forstweg und fährt diesen li. zurück bergauf. Nach 910 m dem Wiesenweg re. Ri. „Ratsmühle" folgen.

21,3 An der Weggabelung dem re. Abzweig folgen. Nach 230 m Gabelung vor einer Lichtung. Hier geradeaus den Pfad an der Lichtung entlangfahren.

21,7 Vor einem bewachsenen Erdhügel geht der Pfad li. bergab. Nach 120 m trifft man auf einen Wiesenweg und folgt diesem nach re. Nach 910 m an der Kreuzung geradeaus weiter bergab.

23,7 Dem Forstweg oberhalb des ehemaligen Ferienlagers nach re. folgen. Nach 340 m re. auf Teer weiter.

29,6 Am Straßenkreuz „Behrwiese" re. ab. Nach 150 m li. Ri. „Dreiherrenstein". Nach 220 m geht es re. steil bergan. Auf dem Rennsteig weiter Ri. „Dreiherrenstein".

31,2 Die Straße überqueren und dem Rennsteig bis zum Startplatz folgen.

13 RUND UM ILME

ALLGEMEINES

Goethe was here. Der Mann muß die Gegend um den Kickelhahn sehr geliebt haben. An die Holzwand des – erst später so genannten – Goethehäuschens hat er seine Gedichte geschrieben. Leider ist das Original ausgebrannt, so daß man sich mit einem Nachbau zufriedengeben muß. Kurz nach seinem letzten Geburtstag hatte der große Dichter noch einmal Gelegenheit, seinen Blick von der Spitze des Kickelhahns über den Thüringer Wald schweifen zu lassen. Wer diese Tour fährt und damit quasi auf den Spuren Goethes wandelt (genauer: radelt), wird schnell verstehen, welches besondere Flair ihn bezaubert hat. Viele Menschen kennen Johann Wolfgang nur als Schriftsteller, doch sein kreativer Geist hat hier im Straßen-, Berg- und Wasserbau sicherlich ebenso viele Spuren hinterlassen wie in seinen Gedichten.

STRECKENPROFIL

Gesamtstrecke: 25,8 km
Reine Fahrzeit: 2,25 h
Anstiege: 520 Höhenmeter
Schwierigkeit: mittel

Auf den ersten Metern dieser Tour radelt man an der Hauptstraße entlang, bevor es dann zum Teil recht steil nach oben geht. Nachdem man den etwa 2 km langen Anstieg an den Hängen des Hangebergs hinter sich gebracht hat, stößt man auf den Schwalbenstein, einen riesigen Felsen. Weiterhin leicht bergauf führt nun eine Forststraße vorbei am Schöffenhaus Richtung Hohe Warte. Auf schwer zu befahrenden Wegen erreicht man in ständigem Auf und Ab nach etwa 7 km die Hohe Warte. Genug der Anstrengungen, nun geht es bergab nach Manebach. Man passiert dabei den Mönchshof, eine kleine Wirtschaft mit ausgesprochen netten Wirtsleuten. Nach der Durchquerung von Manebach radelt man – mit kurzen Unterbrechungen – auf Forstwegen bergauf und kommt über das Jagdhaus Gabelbach hinauf bis zum Kickelhahn. Von hier oben hat man einen wunderschönen Rundblick ins Thüringer Land, und die uns schon wohlbekannten Original Thüringer Rostbratwürste gibt es natürlich auch hier – also genau der richtige Platz für eine Rast. Auf schotteriger Piste geht es in einer ziemlich steilen Abfahrt zurück zum Jagdhaus Gabelbach. Zum Abschluß der Tour kann man noch einmal einen Downhill vom Feinsten genießen, denn auf Waldwegen, die größtenteils mit Gras bewachsen sind, führt der Weg teilweise recht steil bergab bis an den Ortsrand von Ilmenau. Nach ein paar Metern durch den Ort ist man wieder am Ausgangspunkt.

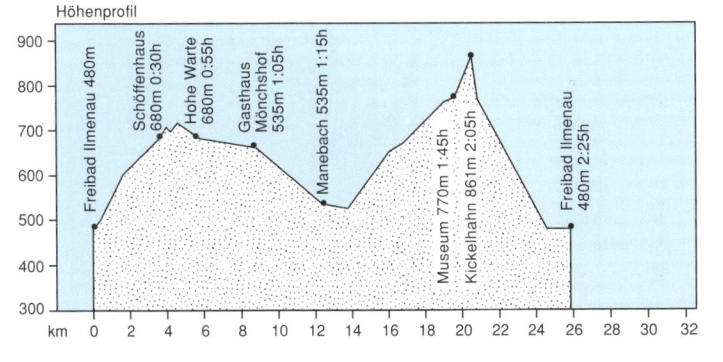

13 RUND UM ILMENAU

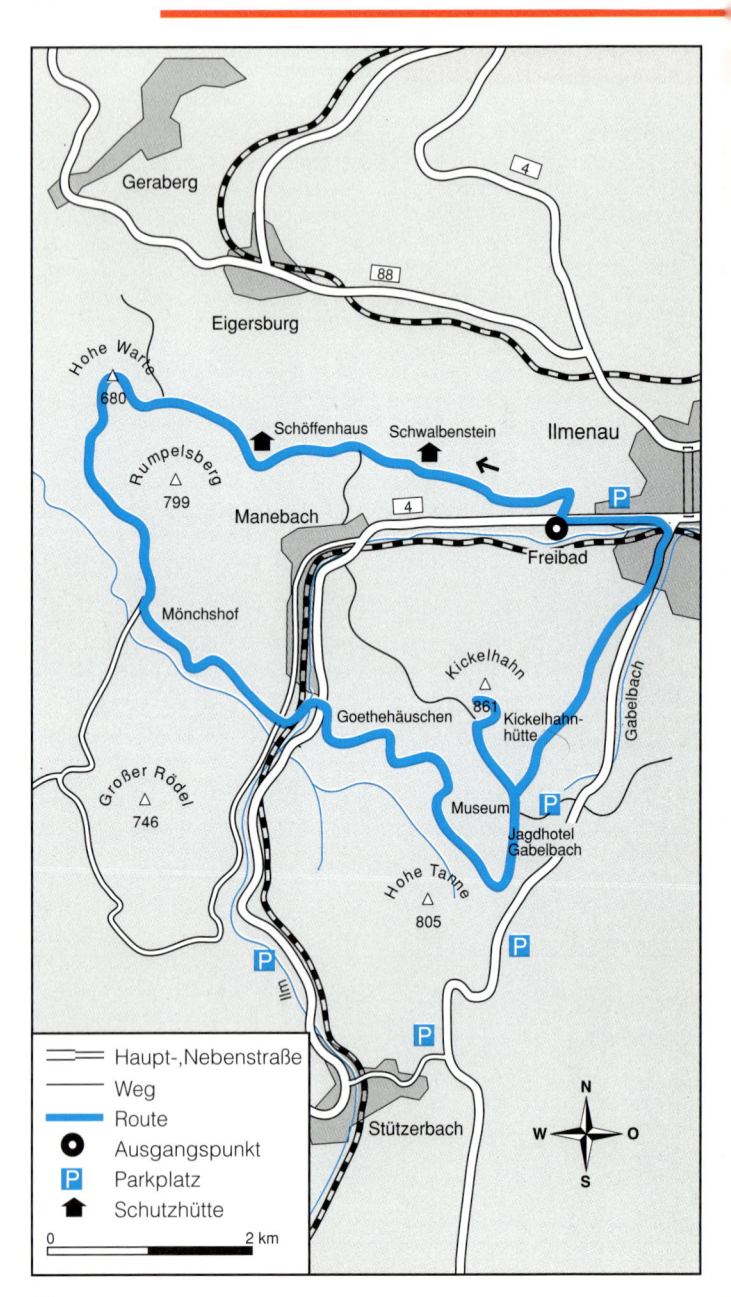

TOURCHECK

Von Suhl auf der B 4 nach Ilmenau. Kurz vor dem Ortsanfang Ilmenau re. auf den Parkplatz des Freibades. Von hier mit dem Bike hoch zur Straße. Tourbeginn.

km 0,0 Die Straße nach li., nach 100 m re. in den Forstweg. Nach 430 m an der Büste li. steil bergauf. Nach 180 m li. weiter Ri. „Schwalbenstein". Nach 400 m an der Kreuzung geradeaus bergauf. Nach 200 m der querenden Forststraße nach li. stets folgen.

3,5 Man trifft auf die Straße zum Schöffenhaus (Sichtweite). Nun geht es direkt am Haus vorbei bergauf Ri. „Hohe Warte".

4,9 An der Kreuzung geradeaus, dem schmalen Weg Ri. „Hohe Warte" steil bergauf über den Gipfel folgen (stets Ri. „Hohe Warte" orientieren).

6,6 An der Gabelung dem re. Abzweig zur Schonung (Sichtweite) folgen. Nach 130 m wieder re. Ri. „Hohe Warte".

6,9 Am Gasthof „Hohe Warte" der Forststraße Ri. „Mönchshof" folgen. Nach 200 m li. in die Straße einbiegen und die beginnende Forststraße bis zur Gaststätte „Mönchshof" befahren.

9,9 Am „Mönchshof" geht es an der Kreuzung li. weiter Ri. „Manebach/Bahnhof".

12,2 Man mündet am Ortseingang von Manebach ein und fährt li. in den Ort. Nach 200 m Straße nach li. folgen. Nach 1040 m an der Metzgerei „Tischler" geht es re. bergab. Nach 180 m re. in Gasse. Nach 20 m in die li. Gasse abzweigen. Gleise und Bach überqueren.

13,8 An der Hauptstraße re. Nach 100 m li. der Forststraße bergauf Ri. „Kickelhahn" folgen.

15,3 An der Abzweigung „Kickelhahn/Hirtenwiese" geradeaus weiter Ri. „Hirtenwiese".

18,5 Man trifft auf einen Forstweg und fährt li. Ri. „Kickelhahn/Jagdhaus Gabelbach" bis zum Jagdhaus weiter.

19,4 Am Jagdhaus li. Ri. „Goethehäuschen/Kickelhahn". Nach 590 m beginnt re. der Pfad zum Kickelhahn. Diesem stets bergauf folgen.

20,5 Vom Kickelhahn rollt man den Weg zum Jagdhaus zurück.

21,6 Vor dem Jagdhaus li. Ri. „Buchenallee/Ilmenau" abbiegen. Nach 50 m die Forststraße überqueren und weiter geradeaus, stets bergab.

22,5 An der Gabelung vor dem Baumstumpf li. bergab. Nach 420 m an der Gabelung re. Abzweig folgen. Nach 370 m hinter der Schranke der Straße nach li. folgen.

24,8 In Ilmenau die Gleise überqueren und li. in die Straße beim Eiscafé einbiegen.

25,1 Den Parkplatz vor dem Kulturhaus überqueren und auf der Hauptstraße zurück zum Startplatz: dem Freibad in Ilmenau.

14 UM DIE TALSPER

ALLGEMEINES

Der Große Dreiherrenstein fungierte um 1600 als Grenzstein im Dreiländereck zwischen dem Schwarzenbergischen, dem Sächsischen und dem Hennebergischen. Waren aus allen Himmelsrichtungen wurden hierher gebracht und auf diesem Handelsplatz getauscht. Heute ist der Dreiherrenstein wieder ein beliebter Treff, allerdings für Auto- bzw. Bustouristen, Wanderer und Biker. Das Gasthaus mag etwas von seinem ursprünglichen Charme verloren haben, aber daran sollte man sich nicht stören. Die Leute hier sind freundlich und hilfsbereit, und trotz der vielen Wanderer aus aller Herren Länder auf dem kurzen Stück Rennsteig, das man hier befährt, gibt es keinerlei Anfeindungen.

Als Biker muß man wirklich keine Berührungsängste haben, im Gegenteil: Man kann die Aufgeschlossenheit anders orientierter Frischluftfanatiker ruhig genießen.

SCHÖNBRUNN

STRECKENPROFIL

Gesamtstrecke: 30,5 km
Reine Fahrzeit: 2,25 h
Anstiege: 345 Höhenmeter
Schwierigkeit: mittel

Unterhalb der beeindruckenden Staumauer des Trinkwasserspeichers beginnt an der Gaststätte diese Tour. Auf Forstwegen, Pfaden und Waldwegen, die zum Teil schwer zu befahren sind und auch ziemlich steil ansteigen, klettert man an den mit Mischwald bewachsenen Hängen nach oben. Nach ca. 3 km erreicht man nach einer Abfahrt noch einmal die Uferstraße der Talsperre und folgt dieser etwa 1 km leicht bergauf. Bald beginnt der Anstieg auf einem Forstweg Richtung Frauenwald. Die Strecke ist anfangs leicht, führt später aber in Serpentinen und durch unwegsames Gelände steil nach oben, und so mancher wird sich das Absteigen wohl kaum ersparen können und ein paar Meter schieben müssen. Zur Entschädigung gibt es danach eine kleine Abfahrt zu einer Lichtung mit wunderschöner Aussicht. Auf Forst- und Wiesenwegen fährt man nun weiter bergauf bis zur Hauptstraße, auf der man Frauenwald erreicht. Auf den Höhen des Thüringer Waldes radelt man nun relativ eben auf dem Rennsteig und auf Wiesenwegen bis zur „Waldbaude Dreiherrenstein" – es ist schließlich auch höchste Zeit für eine Rast. Zunächst dem Rennsteig weiter folgend, geht es auf und ab bis zum Fünfeckigen Stein und danach in einer sanften Abfahrt ins Tal. Hier stößt man wieder auf die Uferstraße, auf der man – weiterhin bergab durch ein beeindruckend enges Tal und entlang der Talsperre Schönbrunn – bleibt, bis man wieder am Ausgangspunkt angelangt ist.

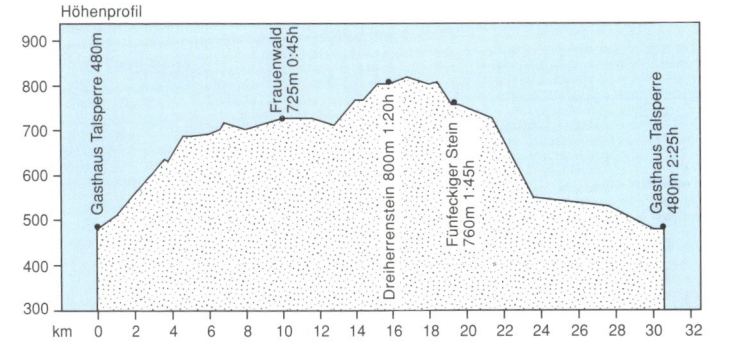

Höhenprofil

- Gasthaus Talsperre 480m
- Frauenwald 725m 0:45h
- Dreiherrenstein 800m 1:20h
- Fünfeckiger Stein 760m 1:45h
- Gasthaus Talsperre 480m 2:25h

14 UM DIE TALSPERRE SC

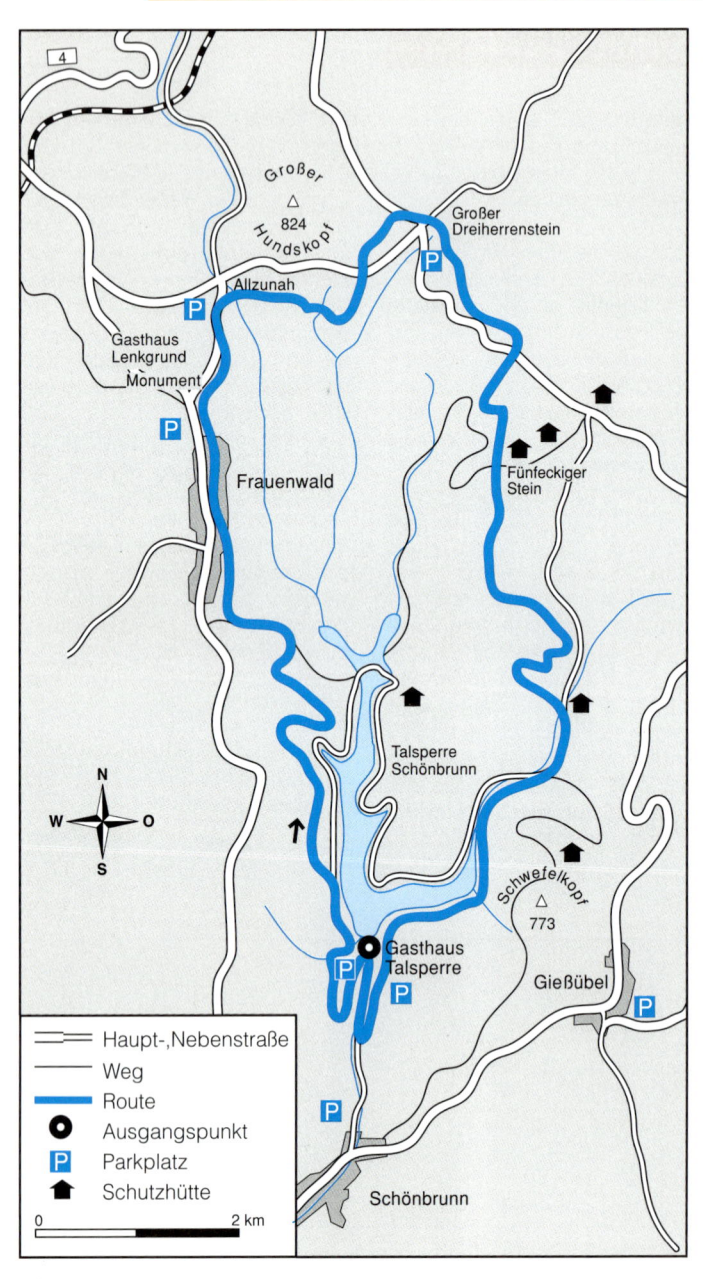

TOURCHECK

Von Suhl über Schleusingen nach Schönbrunn. Hier zur Talsperre/Staumauer fahren. Am Fuß der Staumauer liegen li. die Gaststätte und der Parkplatz.

km 0,0 Li. neben der Gaststätte dem Waldweg bergauf folgen. Nach 100 m dem Pfad Ri. „Frauenwald" – später Waldweg – nach re. bergauf folgen.

3,3 An einem ehemaligen Lagerplatz geht der Weg in eine Straße über. Dieser folgen. Nach 130 m Straße li. bergauf.

4,8 Am Ende der Steigung li. den Forstweg in den Wald bergauf fahren. Nach 420 m auf der Lichtung re. leicht bergab.

7,2 Auf der Lichtung folgt man dem Weg durch die Spitzkehre (kaum noch zu erkennen) steil bergauf. Nach 530 m querenden Waldweg re. bergab.

8,2 Am Wegkreuz Forststraße li. bergauf folgen. Nach 1080 m kurz hinter der Schranke re. auf den Wiesenweg nach Frauenwald fahren. Die Straße führt am Gasthof „Arndt" vorbei und mündet in die Nordstraße. Hier re. weiter zum Ortsausgang.

11,8 Kurz vor dem „Monument" re. auf den Rennsteig Ri. „Allzunah" einbiegen. Nach 650 m die Straße überqueren und re. auf dem Rennsteig weiter. Nach 400 m trifft man auf einen Forstweg und folgt diesem nach re. Nach 130 m li. der Straße nach Allzunah folgen.

13,3 30 m hinter dem Ortsschild re. auf den Wiesenweg Ri. „Dreiherrenstein". Nach 430 m Forststraße nach li. Nach 220 m, ca. 40 m vor der Straße, dem Weg folgen. Abzweig Ri. „Dreiherrenstein" folgen.

14,5 Straße queren und gegenüber weiter Ri. „Dreiherrenstein".

15,9 Hinter dem Parkplatz am Gasthaus „Dreiherrenstein" weiter Ri. „Neustadt/Kahlert" auf dem Rennsteig.

18,0 Straße queren und gegenüber weiter auf dem Rennsteig bergauf (gegebenenfalls Ri. Neustadt/Kahlert orientieren). Nach 430 m re. abzweigen, durch die Schranke Ri. „Fünfeckiger Stein". Nach 420 m am querenden Forstweg li.

19,5 An Kreuzung am „Fünfeckigen Stein" geradeaus Ri. „Schutzhütte Hüttenwiese".

21,2 An der Wegkreuzung an der Einzäunung fährt man li. vorbei. Danach folgt man stets re. dem Weg bergab Ri. „Talsperre Schönbrunn".

23,7 Im Tal endet der Weg an einer Straße, darauf re. bis zur Talsperre.

27,8 Die Staumauer re. liegen lassen und der Straße bergab folgen. Man mündet am „Thüringer Kaufmarkt" an der Straße zum „Gasthof Talsperre" und folgt dieser nach re. bis zum Startplatz.

15 DURCH DAS VESS

ALLGEMEINES

Wer heute durch das idyllische Vessertal fährt, ahnt wahrscheinlich nichts von seiner industriellen Vergangenheit. Die Erzvorkommen in der Region begünstigten das Entstehen von Schmelzen und Pochwerken in den wasserreichen Tälern. Insbesondere im Bistum Fulda muß man einst Kunde davon gehabt haben, wie ertragreich die Gegend um die versteckte Vesser war, denn als ein gewisser Adalbert sein Besitztum Vezzerum den fernen Benediktinern schenkte, wurde ihm dies als ein „Gott wohlgefälliges Werk" zugeschrieben. Etwas anders hielten es die Prämonstratenser, die bis Anfang des 13. Jahrhunderts vom Kloster Veßra über Schleusingen bis zur oberen Vesser vordrangen. Die mit wesentlich mehr Geschäftssinn ausgestatteten Äbte erwarben das Recht, bis zum nördlichen Gebirgsraum Eisen, Silber und Gold zu schürfen, und sie wußten daraus sehr wohl Kapital zu schlagen. Also borgten sie der unter chronischem Geldmangel leidenden Hennebergern beträchtliche Summen gegen „nahrhafte Verpfändungen". Ähnlichkeiten mit heutigen Instituten und Personen sind rein zufällig.

TAL ZUM FINSTERBERG

STRECKENPROFIL

Gesamtstrecke: 29,3 km
Reine Fahrzeit: 2,45 h
Anstiege: 479 Höhenmeter
Schwierigkeit: anspruchsvoll

Auf gutem Forstweg rollt man am Osthang des Neuhäuser Hügels meist bergab und überquert eine Asphaltstraße. Wer mag, kann von hier aus einen Abstecher zum Stutenhaus einlegen. Es geht nun weiter abwärts um den Ziegenrück und durch einen herrlichen Buchenwald um den Saaleberg. Über eine Lichtung erreicht man auf schlechtem Forstweg, der steil hinabführt, das von der UNESCO geschützte Vessertal. Entlang der friedlich vor sich hin plätschernden Vesser radelt man auf guten Forstwegen leicht bergan und hat genügend Zeit, die ruhige und idyllische Umgebung zu genießen. An der Schanze verläßt man das Tal, und es beginnt ein etwas längerer Anstieg bis nach Schmiedefeld. Nach der Ortsdurchfahrt arbeitet man sich nun langsam dem höchsten Punkt der Tour entgegen. Nach einem Stück Trail auf dem Rennsteig geht es auf losen, ausgewaschenen Schotterpisten ziemlich steil nach oben. Man braucht schon etwas Geschick – und auch Glück –, um auf dem Bike zu bleiben. Die Belohnung für diese Anstrengung gibt es dann auf dem Finsterberg – in Form einer herrlichen Aussicht. Abwärts geht es nun genauso steil wie aufwärts, bis man auf guten Forstwegen zur Liftbaude am Eisenberg kommt. Die letzten Kilometer radelt man noch mal gemütlich am Salzberg entlang auf Waldwegen vorwiegend bergab bis zum Ausgangspunkt. Alles in allem ist dies eine sehr abwechslungsreiche Tour mit tollen Natureindrücken. Na dann viel Spaß!

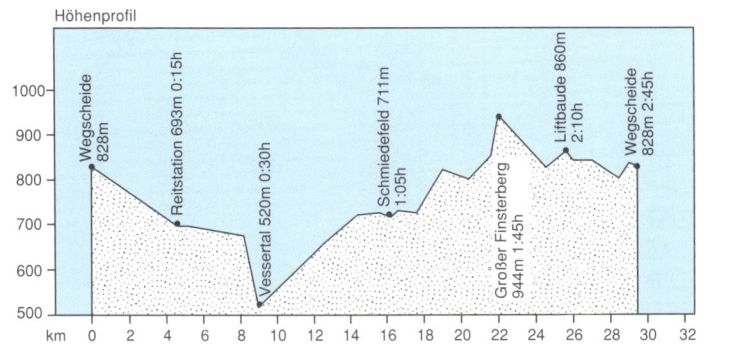

Höhenprofil

15 DURCH DAS VESSERTAL

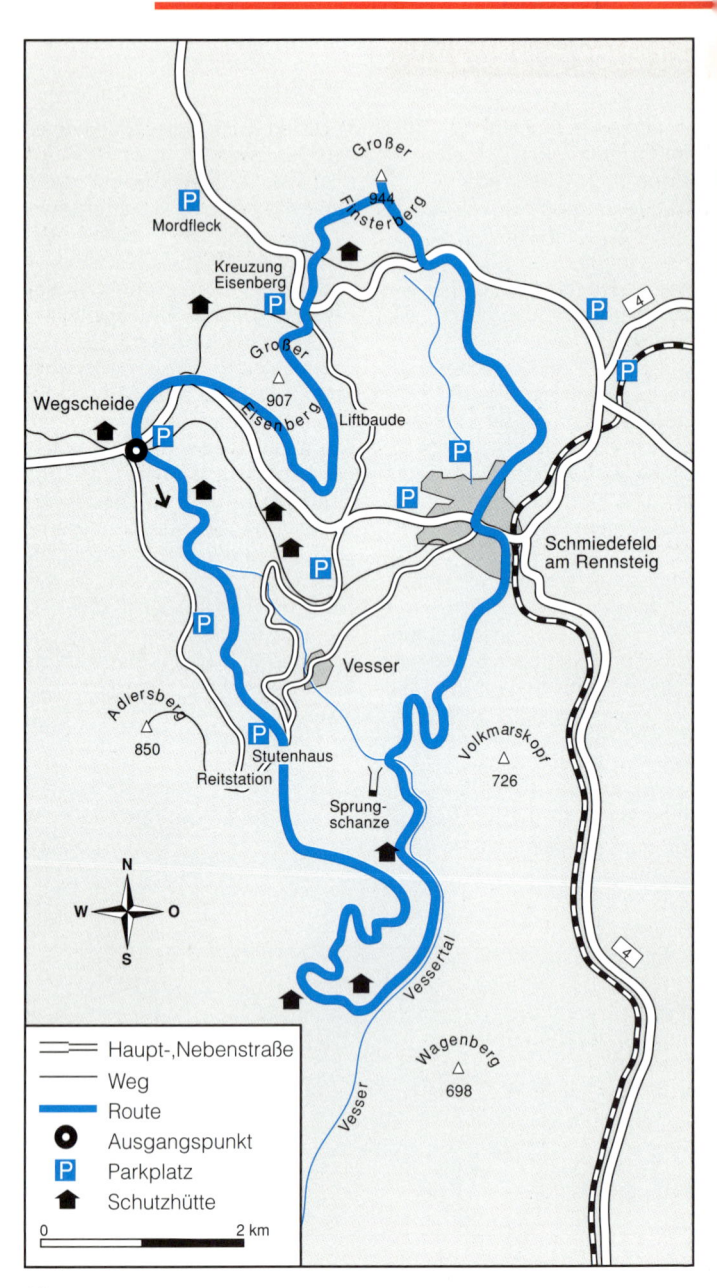

M FINSTERBERG

TOURCHECK

Von Suhl auf der B 4 Ri. Ilmenau. Nach ca. 7 km erreicht man den Parkplatz Wegscheide re. an der Straße.

km 0,0 Am Ende des Parkplatzes li. auf dem Forstweg durch die Schranke. Nach 3850 m geradeaus Ri. „Reitstation" (re. geht es zum Gasthaus „Stutenhaus", ca. 500 m).

5,2 600 m hinter Reitstation in der Rechtskurve li. abzweigen. Nach 3000 m in der Linkskurve auf dem li. zurückführenden Pfad bergab. Nach 800 m dem Forstweg durchs Vessertal nach li. folgen.

12,3 An der Kreuzung vor der Schanze re. bergauf Ri. „Schmiedefeld". Nach 3000 m auf Teer geradeaus.

15,7 In Schmiedefeld: hinter dem Sportplatz li. in die Sportplatzstr. Nach 250 m re. auf Kurparkstr. Nach 400 m am Gasthaus „Thüringer Hof" li. auf die Hauptstraße.

16,4 Am Postamt re. zur Kirche. Nach 180 m in die Kirchstr. Vorbei an der Rennsteig-Brauerei bergauf aus dem Ort. Ab hier wieder Forststraße.

17,9 An der Gabelung li. bergauf fahren. Nach 1100 m der Straße nach li. folgen. (Wer will, kann bald darauf parallel zur Straße auf dem Rennsteig fahren.)

20,4 Hier biegt man re. ab in die Forststraße Ri. „Großer Finsterberg". Nach 1300 m re. hoch zum Gipfel. Von dort zurück. Am letzten Abzweig geradeaus vorbei bergab.

23,6 An der Wegkreuzung li. auf den Karrenweg Ri. „Liftbaude". Nach 500 m an der Gabelung kurz vor der Straße re. auf den Pfad. Nach 40 m Straße zum Parkplatz Kreuzung Eisenberg überqueren.

24,3 Am Ende des Parkplatzes re. bergauf Ri. „Liftbaude". Nach 1300 m an der Liftbaude vorbei. Nach 720 m in der Spitzkehre dem li. von zwei Rechtsabzweigen Ri. „Wegscheide" folgen.

28,2 Man trifft auf eine Straße. Dem li. der drei abgehenden Forstwege folgen. Nach 1100 m erreicht man die Straße gegenüber dem Startplatz.

16 DREI-TÄLER-TOU

ALLGEMEINES

Die Bedeutung, die die Region um Frauenwald im Mittelalter hatte, entspricht in der Gegenwart in etwa der einer Raststätte an einem Autobahnkreuz zur Urlaubszeit. Etliche Querverbindungen vom und zum Rennsteig trafen hier aufeinander. Die Waldstraße hier oben war eine der belebtesten der damaligen Zeit. Entsprechend viele gastronomische Einrichtungen säumten den Weg, um für das leibliche Wohl der erschöpften Reisenden zu sorgen. Die Wirte waren im Nebenberuf als Zöllner auf den jeweiligen Handelsstraßen tätig und sorgten so auch für das finanzielle Wohl ihrer Fürsten. Die Nonnen des Klosters „zu den Frauin" wiederum kümmerten sich im 13. Jahrhundert durch den Ablaß darum, daß ihre Kirche auch genug zum Überleben hatte, und natürlich auch um das Seelenheil derjenigen, die sich ihnen in gutem Glauben anvertrauten. Raubritter – in ihrer Funktion als Mitesser – sorgten dafür, daß in dieser Region nie eine Sättigung des Marktes eintrat, und die Fürsten wiederum kontrollierten den Bestand an Raubrittern. Alles in allem eine gut funktionierende Gesellschaft.

STRECKENPROFIL

Gesamtstrecke: 42,7 km
Reine Fahrzeit: 4,30 h
Anstiege: 905 Höhenmeter
Schwierigkeit: sehr schwer

Wer sich einmal richtig bis zur Erschöpfung bringen möchte, dem sei zu dieser Tour geraten. Man sollte jedoch etwas trainiert sein, wenn man sich an sie heranwagt, denn sie ist alles andere als ein Sonntagsspaziergang mit dem Stollengaul.

Vom Ausgangspunkt führt der Weg vorbei am Campingplatz von Erlau hinauf zum Kochsberg. Nachdem man diesen recht leichten Aufstieg hinter sich gebracht und ein relativ ebenes Stück durch einen Kiefernwald zurückgelegt hat, folgt eine Abfahrt über eine Wiese bis nach Breitenbach. Nach einer kurzen Ortsdurchfahrt geht es wieder in den Wald. Auf einer anfangs asphaltierten Straße radelt man auf ebener Strecke immer an einem kleinen Bach entlang, bevor der nächste Anstieg beginnt. Nach einer Spitzkehre heißt es nun die nächsten 2 km kräftig kurbeln, bis man auf der anderen Seite des Audebergs angekommen ist. Hier beginnt eine rasante Abfahrt auf wohlpräparierter Piste bis ins Tal. Auf diese Weise ein wenig erholt, muß man nun schon wieder heftig in die Pedale treten, um nach Frauenwald zu kommen. An der Fraubachmühle ist erstmal Halbzeit. Anschließend gelangt man per Downhill an die Talsperre Schönbrunn. Bis zum Startplatz muß man noch drei Bergkämme überwinden, doch glücklicherweise folgt auf jede Steigung auch eine Abfahrt, und die hat man auf der Rücktour auch bitter nötig. Über Schleusingerneundorf, Silbach und Breitenbach erreicht man ziemlich geschafft den Ausgangspunkt.

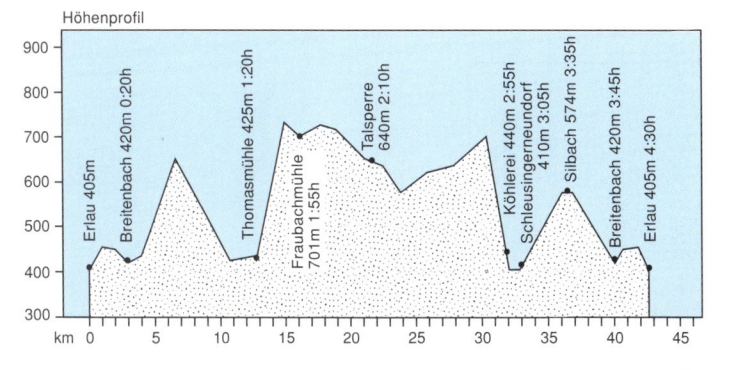

Höhenprofil

16 *DREI-TÄLER-TOUR*

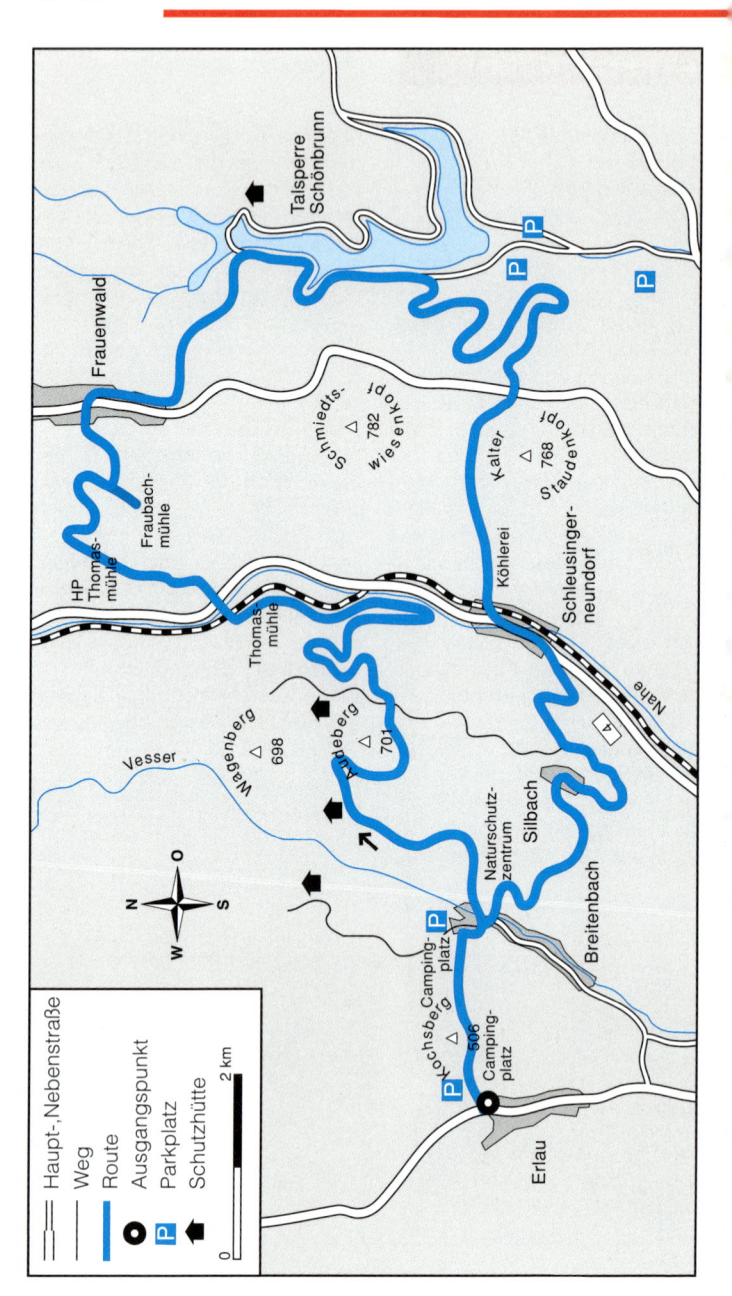

TOURCHECK

Von Suhl auf der B 247 Ri. „Schleusingen". Am Ortseingang von Erlau liegt li. der Parkplatz vor der Bahnunterführung.

km 0,0 Von hier aus mit dem Bike durch die Unterführung. Nach 200 m re. Ri. „Campingplatz" und auf dem Forstweg li. daran vorbei bergauf.

0,9 Geradeaus auf den Pfad Ri. „Breitenbach". Nach 120 m li. weiter. Nach 150 m re.

1,7 An der Gabelung auf der Wiese li. dem Pfad bergab in den Wald folgen. Nach 180 m wieder am Waldrand geradeaus re. an der Baumreihe entlang bergab. Nach 240 m am Ortsrand auf Teer bis zur Hauptstraße. Diese überqueren und weiter Ri. „Schleusingerneundorf".

3,3 An der Straßengabelung li. halten. Nach 90 m geradeaus die Schranke passieren. Ri. „Schmiedefeld" bergauf.

6,6 An der Kreuzung geradeaus. Nach 1950 m an der Kreuzung li. Ri. „Schleusingerneundorf" bis ins Tal.

10,9 Kurz vor Schleusingerneundorf dem Weg li. zurück am Bahngleis entlang folgen. Nach 1760 m re. auf den Pfad bergab (Tragestrecke). Über das Gleis zur Thomasmühle. Straße queren und weiter Ri. „Fraubachmühle".

15,0 Am Wegkreuz re. bergauf Ri. „Fraubachmühle". Nach 700 m geradeaus dem Hauptweg folgen. Nach 300 m hinter dem Wiesengrund am Wegkreuz re. bergab, am Grund entlang. Nach 380 m re. auf Teer zur Fraubachmühle. Auf der Straße hoch nach Frauenwald.

17,8 Der Hauptstraße nach re. folgen. Nach 300 m an der Telefonzelle li. Ri. „Talsperre" abzweigen und aus dem Ort bis zum Teich fahren. Hier li. stets bergab, Ri. „Talsperre" orientieren.

21,2 Der Straße um die Talsperre Schönbrunn nach re. folgen.

23,8 Vor der Schranke re. auf den Forstweg. Nach 370 m durch die Spitzkehre li. weiter.

27,5 An der Foststraße geht es re. bergauf weiter. Nach 1030 m an der „Kastanie" dem Hauptweg bergauf Ri. „Hergstblick" folgen.

30,7 Die Straße überqueren und auf dem Waldweg Ri. „Köhlerei" stets bergab fahren.

31,7 An der Köhlerei vorbei in den Ort bis zur Hauptstraße. Hier nach li. Nach 600 m kurz vor dem Ortsende re. bergauf Ri. „Silbach". Nach 950 m an der Gabelung re. Nach 800 m geradeaus Ri. „Silbach".

36,2 Auf Teer re. nach Silbach. Im Ort hinter der Telefonzelle li. bergab. Nach 110 m an der Kreuzung li. auf den Forstweg Ri. „Breitenbach", bergab. Nach 670 m hinter dem Naturschutzzentrum li. bergab nach Breitenbach.

40,1 An der Hauptstraße re. Nach 50 m li. Ri. „Campingplatz". Nach 190 m an der Straßengabelung li. aus dem Ort. Von hier auf dem gleichen Weg zurück zum Startplatz Erlau.

17 VON SUHL ZUM

ALLGEMEINES

Die Jagd war in dieser Gegend schon immer ein weitverbreitetes Vergnügen, doch wie sie durchzuführen sei, darüber gab es früher ganz unterschiedliche Auffassungen. Die einen gingen auf die nicht ganz ungefährliche Jagd auf jegliche Art von Raub- und Schadwild, wie Wölfe, Luchse, Bären und natürlich Wildschweine, die die Felder verwüsteten. Der Förster Großgebauer begnügte sich dagegen gemäß alter Georgentaler Jagdtradition damit, die angrenzenden Bauernfelder vor Schaden zu schützen, wenn das im fürstlichen Gehege gehaltene Wild überhand zu nehmen drohte. Seines Urahns, der von Ernst dem Frommen einen „Silberstutzen" zur Belohnung für eine erfolgreiche Bärenjagd im Kerngrund erhielt, gedenkt man mit einer in den „Bärenstein" eingelassenen Metalltafel. Alles Jägerlatein?

RENSTEIN

STRECKENPROFIL

Gesamtstrecke: 26,0 km
Reine Fahrzeit: 3,25 h
Anstiege: 720 Höhenmeter
Schwierigkeit: schwer

Der Anfang dieser Tour hat es gleich kräftig in sich. Auf einem zum Teil mit Gras bewachsenen Weg, der ständig, teilweise auch sehr steil, ansteigt, erreicht man den Rennsteig an der Suhler Ausspanne. Kein Name scheint für diesen Ort besser geeignet, meint zumindest der erschöpfte Biker nach dem anstrengenden Aufstieg. Nun geht es erst einmal etwas sanfter auf dem Rennsteig weiter, vorbei an Wills Denkmal zum Spitzen Berg. Nach einer Abfahrt erkennt man auf der anderen Seite des Tals den Bärenstein, einen majestätisch anmutenden Felsen am Hang des Brandleites. Hat man ihn nach der Taldurchquerung erreicht, kann man den Ausblick durch das Pfanntal hinauf zum Rondell genießen, das man nach leichter Fahrt auf guten Waldwegen vorbei am Rennsteiggarten erreicht. Hier wäre eigentlich schon Zeit für eine Rast, doch die Busgesellschaften, die hier in Schlangen für die Thüringer Rostbratwürste anstehen, lassen eine Pause wenig verlockend erscheinen. Wer es etwas netter haben möchte, sollte noch ein paar Kilometer mehr in Kauf nehmen, zumal der Weg zur Bergbaude „Veilchenbrunnen" bergab geht. Von hier aus radelt man weiter Richtung Zella-Mehlis und durch den Schneidersgrund zurück zum Ausgangspunkt.

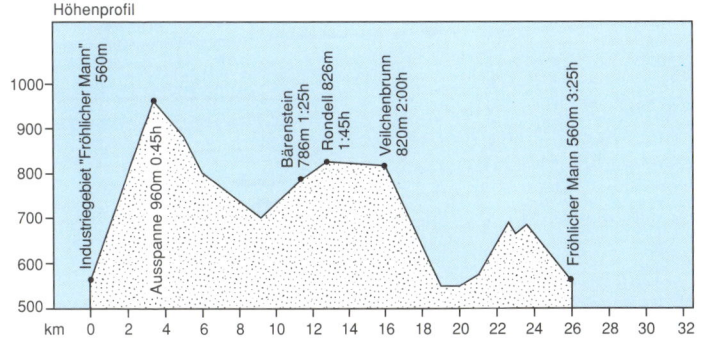

Höhenprofil

17 VON SUHL ZUM BÄREN

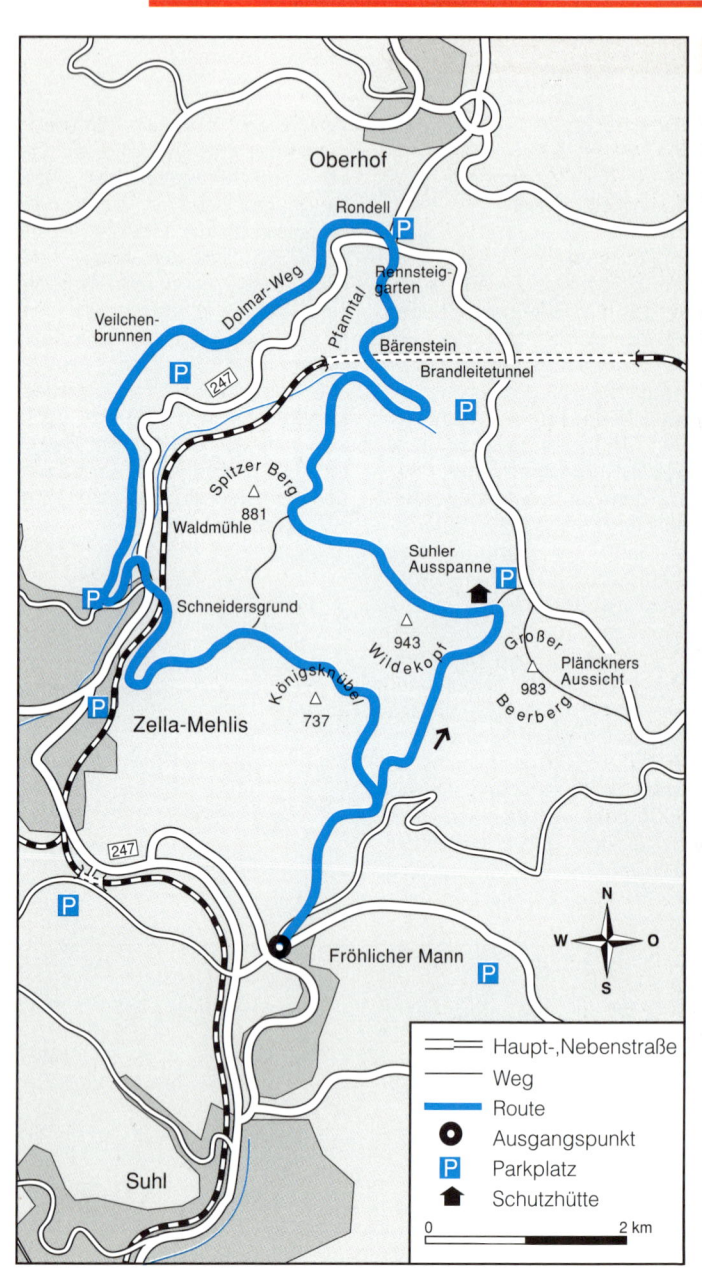

TOURCHECK

Auf der B 247 von Suhl nach Zella-Mehlis. Am Ortsende von Suhl hinter der Aral-Tankstelle re. ins Industriegebiet „Fröhlicher Mann". Nach 250 m wieder re. Hinter dem Opel-Händler li. bergauf und sofort wieder li. bis zum Straßenende.

km 0,0 Von hier dem li. Forstweg bergauf folgen. Nach 390 m hinter dem letzten Haus li. halten. Nach 80 m an der Gabelung re.

1,3 An der Gabelung re. und über die anschließende Kreuzung halbli. weiter bergauf. Nach 990 m hinter der Rechtskurve dem Weg li. bergauf folgen.

2,5 An der Gabelung re. abzweigen – kurz darauf Pfad stets bergauf (evtl. Ri. „Suhler Leube" folgen).

4,4 Der Pfad endet auf dem Rennsteig an der Ausspanne. Nun li. Ri. „Spitzer Berg" durch die Holzschranke weiter.

7,0 An der Kreuzung beginnt hinter der Sitzbank der Pfad Ri. „Oberhof". Stets bergab folgen.

9,2 Im Tal re. auf der Forststraße Ri. „Rondell" bergauf. Nach 2180 m am Bärenstein vorbei weiter Ri. „Rondell".

12,8 Man mündet am Parkplatz „Rondell". Nach li. über den Platz auf die Forststraße und sofort wieder li. Ri. „Veilchenbrunnen".

16,0 Man erreicht die „Bergbaude Veilchenbrunnen". 90 m hinter der Baude dem grasbewachsenen Waldweg folgen. Nach 1300 m an der Lichtung li. Ri. „Zella-Mehlis/Jugendherberge" fahren. Nach 2000 m am Eingang des Friedhofs li. in die Straße einbiegen. Nach 140 m endet die Straße in einer Gabelung. Hier den li. Weg nehmen.

19,5 Am Ortseingang von Zella-Mehlis re. auf die Hauptstraße. Nach 230 m li. in den Weg Ri. „Suhler Ausspanne". Nach 220 m hinter der Unterführung re. auf der Straße entlang. Nach 1100 m li. bergauf weiter.

22,0 An der Kreuzung geradeaus bergauf. Nach 220 m an der Kreuzung geradeaus – li. versetzt – bergauf. Nach 360 m re. bergab Ri. „Goldlauter". Nach 60 m li. halten.

23,0 In der Spitzkehre geradeaus über die Wiese, anschließend steil bergauf weiter.

23,8 An der Gabelung re. durch die Schneise. Nach 30 m wieder re. bergab bis zum Startplatz.

18 RUND UM DAS V

ALLGEMEINES

Die ersten Strahlen der Morgensonne tasten sich durch die Zweige der hohen Fichten zum Waldboden vor. Dünne Nebelfetzen schweben durch den Wald, in den Tautropfen bricht sich tausendfach das Licht und verleiht so dem Ganzen noch etwas Glanz. Hier ist es um diese Tageszeit wunderbar ruhig. Das gleichmäßige Rauschen des leichten Windes in den hohen Wipfeln und das zarte Plätschern des Bachs wird nur gelegentlich von den krächzenden Rufen des Eichelhähers unterbrochen. Man kann sich kaum einen schöneren Tagesbeginn wünschen, als durch diese Idylle hinauf zum Stutenhaus zu fahren. Für den Sommerbetrieb wurden hier Stallungen für Stuten und Fohlen, Scheunen und ein Wärterhaus errichtet. So begann der Gestütbetrieb im „Stutenhausstall" oberhalb des Vessertals; 1649 wurde er zum ersten Mal in einem Dokument erwähnt. 1842 wurde das Gestüt aufgehoben, und in die Wohnungen zogen Forstwarte, Waldwärter, Hilfsjäger und ehemalige Gestütsknechte ein. Damit begann im Stutenhaus ein regulärer Wirtschaftsbetrieb. Durch zahlreiche Um- und Erweiterungsbauten erhielt es seine heutige Gestalt. Trotz der beachtlichen Größe ist es noch recht gemütlich geblieben.

SERTAL

STRECKENPROFIL

Gesamtstrecke: 27,3 km
Reine Fahrzeit: 2,15 h
Anstiege: 755 Höhenmeter
Schwierigkeit: leicht

Vom Startplatz aus führt eine Asphaltstraße leicht bergauf, die nach 300 m in eine Forststraße übergeht. Diese führt durch einen hohen Fichtenwald und steigt auf den nächsten 1,8 km mäßig, aber stetig an. Nach einer leichten Abfahrt erreicht man nun eine idyllische Wiese, durch die sich der Breitenbach schlängelt. An den Hängen des Adlersberges tritt man nun auf zum Teil sehr steilen und schwer befahrbaren Wegen nach oben und kommt nach einer anspruchslosen Abfahrt zum Stutenhaus. Danach folgt man der Asphaltstraße, die in einer langen Schußfahrt durch das Örtchen Vesser bis zur Schanze führt. Nun schließen sich erst einmal wieder ein paar Kilometer auf Forststraße an, die mäßig ansteigt und bis nach Schmiedefeld geht. Vorbei an der Sprungschanze, dem Volkmarskopf, der Hohen Buche und zahlreichen Ameisenhaufen geht es die nächsten 5 km in ständigem, aber unproblematischem Auf und Ab dahin. Auf wohlpräparierter Piste radelt man nun per Downhill ins Homigtal, doch Achtung: Die Straße wird gelegentlich von Autos genutzt! Nach einer kurzen Ortsdurchfahrt – durch Breitenbach – kommt nun der letzte Anstieg dieser Tour, der auf den Kochsberg führt. Man beendet die eher leichte Strecke mit einer Abfahrt auf guten Wegen zurück zum Ausgangspunkt.

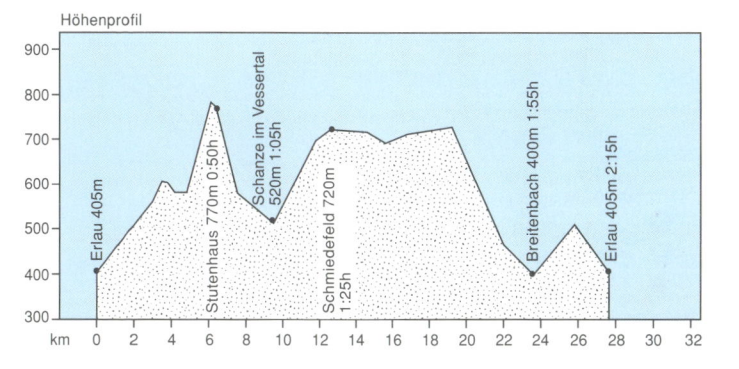

Höhenprofil

Erlau 405m
Stutenhaus 770m 0:50h
Schanze im Vessertal 520m 1:05h
Schmiedefeld 720m 1:25h
Breitenbach 400m 1:55h
Erlau 405m 2:15h

18 RUND UM DAS VESSERTA

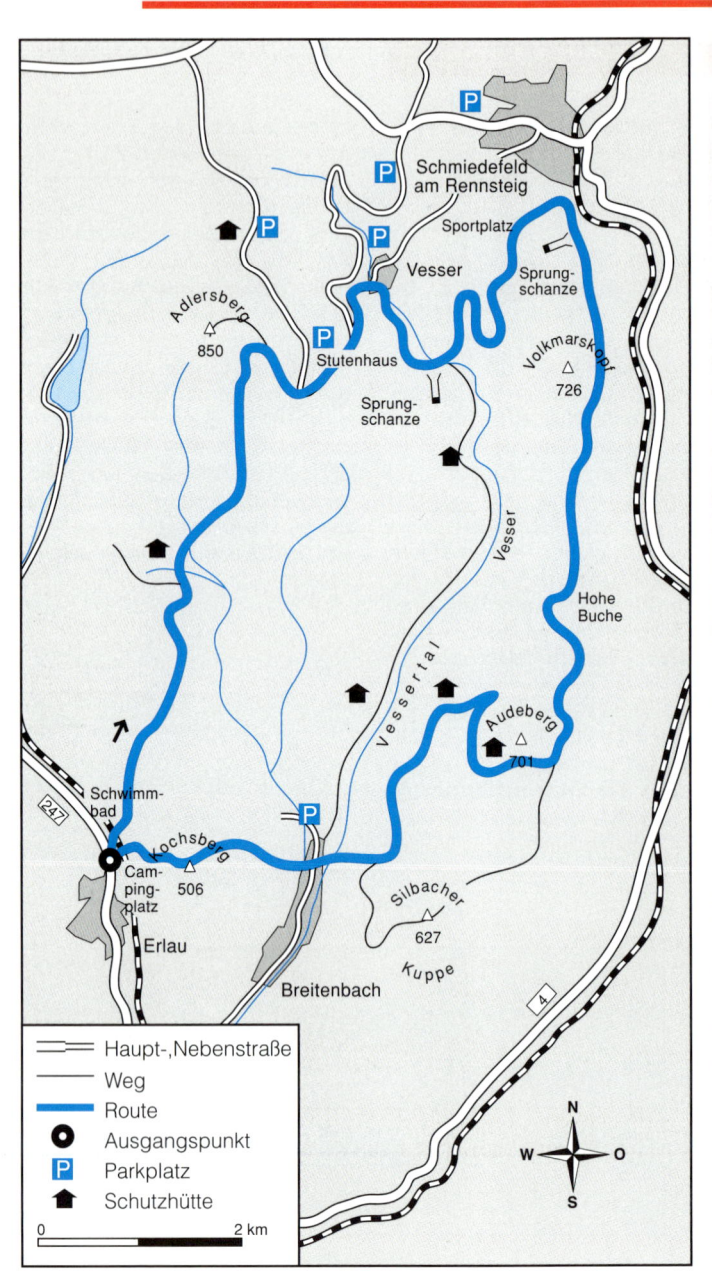